当代儒师培养书系·儿童教育和发展系列

主编　舒志定

A GUIDE TO ACTIVITIES OF
CHILDREN'S PAINTING AND AN
ANALYSIS OF THEIR ARTWORK

幼儿绘画活动指导与作品解析

幼儿绘画活动指导与作品解析

郑乐晓　／编著

ZHEJIANG UNIVERSITY PRESS
浙江大学出版社
·杭州·

图书在版编目(CIP)数据

幼儿绘画活动指导与作品解析 / 郑乐晓编著. —杭州 ： 浙江大学出版社，2022.9
ISBN 978-7-308-22954-8

Ⅰ. ①幼… Ⅱ. ①郑… Ⅲ. ①图画课－教学研究－学前教育 Ⅳ. ①G613.6

中国版本图书馆CIP数据核字(2022)第152923号

幼儿绘画活动指导与作品解析
YOUER HUIHUA HUODONG ZHIDAO YU ZUOPIN JIEXI
郑乐晓　编著

丛书策划	朱　玲
责任编辑	朱　辉
责任校对	葛　娟
封面设计	春天书装
出版发行	浙江大学出版社
	（杭州市天目山路148号　邮政编码310007）
	（网址：http://www.zjupress.com）
排　　版	杭州兴邦电子印务有限公司
印　　刷	杭州宏雅印刷有限公司
开　　本	787mm×1092mm　1/16
印　　张	12.5
字　　数	238千
版 印 次	2022年9月第1版　2022年9月第1次印刷
书　　号	ISBN 978-7-308-22954-8
定　　价	60.00元

总 序

　　把优秀传统文化融入教师教育全过程，培育有鲜明中国烙印的优秀教师，这是当前中国教师教育需要重视和解决的课题。湖州师范学院教师教育学院对此进行了探索与实践，以君子文化为引领，挖掘江南文化资源，提出培养当代儒师的教师教育目标，实践"育教师之四有素养、效圣贤之教育人生、展儒师之时代风范"的教师教育理念，体现教师培养中对优秀传统文化的尊重，昭示教师教育中对文化立场的坚守。

　　能否坚持教师培养的中国立场，这应是评价教师教育工作是否合理的重要依据，我们把它称作教师教育的"文化依据"（文化合理性）。事实上，中国师范教育在发轫之时就强调教师教育的文化立场，确认传承优秀传统文化是决定师范教育正当性的基本依据。

　　19世纪末20世纪初，清政府决定兴办师范教育时的一项重要工作是选派学生留学日本和派遣教育考察团考察日本的师范教育。1902年，朝廷讨论学务政策，张之洞就对张百熙说："师范生宜赴东学习。师范生者不惟能晓普通学，必能晓为师范之法，训课方有进益。非派人赴日本考究观看学习不可。"[①]以1903年为例，该年4月至10月间，留学日本的毕业生共有175人，其中读师范者71人，占40.6%。[②]但关键问题是要明确清政府决定向日本学习师范教育的目的是什么。无论是选派学生到日本学习师范教育，还是派遣教育考察团访日，目标都是拟定教育方针、教育宗旨。事实也是如此，派到日本的教育考察团向清政府建议要推行"忠君、尊孔、尚

----

① 田正平：《传统教育的现代转型》，浙江科学技术出版社 2013 年版，第 376 页。
② 田正平：《传统教育的现代转型》，浙江科学技术出版社 2013 年版，第 376 页。

公、尚武、尚实"的教育宗旨。这10个字的教育宗旨，有着鲜明的中国文化特征。尤其是把"忠君"与"尊孔"立于重要位置，这不仅要求把"修身伦理"作为教育工作的首要事务，而且要求教育坚守中国立场，是传统中国道统、政统、学统在现代学校教育中的传承与延续。

当然，这一时期坚持师范教育的中国立场，目的是发挥教育的政治功能，为清政府巩固统治地位服务。只是，这些"学西方、开风气"的"现代性"工作的开展，并没有改变国家进一步衰落的现实。因此，清政府的"新学政策"，引起了一批有识之士的反思、否定与批判，他们把"新学"的问题归结为重视科技知识教育、轻视社会义理教育。早在1896年梁启超就在《学校总论》中批评同文馆、水师学堂、武备学堂、自强学堂等新式教育的问题是"言艺之事多，言政与教之事少"，为此，他提出"改科举之制""办师范学堂""区分专门之业"三点建议，尤其是强调开办师范学堂的意义，否则"教习非人也"。①梁启超的观点得到军机大臣、总理衙门的认同与采纳，1898年颁布的《筹议京师大学堂章程》就明确要求各省所设学堂不能缺少义理之教。"夫中学体也，西学用也，两者相需，缺一不可，体用不备，安能成才。且既不讲义理，绝无根底，则浮慕西学，必无心得，只增习气。前者各学堂之不能成就人才，其弊皆由于此。"②很明显，这是要求学校处理好中学与西学、义理之学与技艺之学之间的关系，如果只重视其中一个方面，就难以实现使人成才的教育目标。

其实，要求学校处理好中学与西学、义理之学与技艺之学之间的关系，实质是对学校性质与教育功能的一种新认识，它突出学校传承社会文明的使命，把维护公共利益、实现公共价值确立为学校的价值取向。这里简要举两位教育家的观点以说明之。曾任中华民国教育部第一社会教育工作团团长的董渭川认为，国民学校是"文化中心"，"在大多数民众是文盲的社会里，文化水准既如此其低，而文化事业又如此贫乏，如果不赶紧在全国每一城乡都建立起大大小小的文化中心来，我们理想中的新国家到哪里去培植基础？"而这样的文化中心不可能凭空产生，"其数量最多、比较最普遍且最具教育功能者，舍国民学校当然找不出第二种设施。这便是非以国民学校为文化中心不可的理由"。③类似的认识，也是陶行知推行乡村教育思想与实践的出发点。他希望乡村教育对个人和乡村产生深刻的变革，使村民自食其

① 梁启超：《饮冰室合集·文集之一》，中华书局1989年版，第19—20页。
② 朱有瓛：《中国近代学制史料》第一辑(上册)，华东师范大学出版社1983年版，第602页。
③ 董渭川：《董渭川教育文存》，人民教育出版社2007年版，第127页。

力和村政工作自有、自治、自享，实现乡村学校是"中国改造乡村生活之唯一可能的中心"的目标。[①]

可见，坚守学校的文化立场，是中国教师教育的一项传统。要推进当前教师教育改革，依然需要坚持和传承这一教育传统。就如习近平总书记所说："办好中国的世界一流大学，必须有中国特色。……世界上不会有第二个哈佛、牛津、斯坦福、麻省理工、剑桥，但会有第一个北大、清华、浙大、复旦、南大等中国著名学府。我们要认真吸收世界上先进的办学治学经验，更要遵循教育规律，扎根中国大地办大学。"[②]扎根中国大地办大学，才能在人才培养中融入中华优秀传统文化资源，培育具有家国情怀的优秀人才。

基于这样的考虑，我们提出把师范生培养成当代儒师，这符合中国国情与社会历史文化的发展要求。因为在中国百姓看来，"鸿儒""儒师"是对有文化、有德行的知识分子的尊称。当然，我们提出把师范生培养成当代"儒师"，不是要求师范生做一名类似孔乙己那样的"学究"（当然孔乙己可否称得上"儒师"也是一个问题，我们在此只是做一个不怎么恰当的比喻），而是着力挖掘历代鸿儒大师的优秀品质，将其作为师范生的学习资源与成长动力。

的确，传统中国社会"鸿儒""儒师"身上蕴含的可贵品质，依然闪耀着光芒，对当前教师品质的塑造具有指导价值。正如董渭川对民国初年广大乡村区域学校不能替代私塾原因的分析，其认为私塾的"教师"不仅要教育进私塾学习的儿童，更应成为"社会的"教师，教师地位特别高，"在大家心目中是一个应该极端崇敬的了不起的人物。家中遇有解决不了的问题，凡需要以学问、以文字、以道德人望解决的问题，一概请教于老师，于是乎这位老师真正成了全家的老师"[③]。这就是说，"教师"的作用不只是影响受教育的学生，更是影响一县一城的风气。所以，我们对师范生提出学习儒师的要求，目标就是要求师范生成长为师德高尚、人格健全、学养深厚的优秀教师，由此也明确了培育儒师的教育要求。

一是塑造师范生的师德和师品。要把师范生培养成合格的教师，面向师范生开展师德教育、学科知识教育、教育教学技能教育、实习实践教育等教育活动。其中，提高师范生的师德修养是第一要务。正如陶行知所说，教育的真谛是千教万教教人求真、千学万学学做真人，因此他要求自己是捧着一颗心来、不带半根草去。

① 顾明远、边守正：《陶行知选集》（第一卷），教育科学出版社2011年版，第230页。
② 习近平：《青年要自觉践行社会主义核心价值观》，《中国青年报》2014年5月5日第1版。
③ 董渭川：《董渭川教育文存》，人民教育出版社2007年版，第132页。

"我师"的前提，是"行"（"三人行"），也就是说，只有在人与人的相互交往中，才能有值得学习的资源。可见，这里强调人的"学"，依赖参与、感悟与体验。这样的观点在后儒那里，变成格物致良知的功夫，以此达成转识成智的教育目标。不论怎样理解与阐释先贤圣哲的观点，都必须肯定这些思想家的教人之方的人文立场是清晰的，这对破解当下科技理性主导教育的思路是有启示的，也能为解释互联网时代教师存在的意义找到理由。

成人之学。学习是促进人成长的基本因素。互联网为学习者提供了寻找、发现、传播信息的技术手段，但是，要指导学生成为一名成功的学习者，教师更需要保持强劲的学习动力，提升持续学习的能力。而学习价值观是影响和支配教师持续学习、努力学习的深层次因素。对此，联合国教科文组织在研究报告《反思教育：向"全球共同利益"的理念转变？》中明确指出教师对待"学习"应坚持的价值取向：教师需要接受培训，学会促进学习、理解多样性、做到包容、培养与他人共存的能力及保护和改善环境的能力；教师必须营造尊重他人和安全的课堂环境，鼓励自尊和自主，并且运用多种多样的教学和辅导策略；教师必须与家长和社区进行有效的沟通；教师应与其他教师开展团队合作，维护学校的整体利益；教师应了解自己的学生及其家庭，并能够根据学生的具体情况施教；教师应能够选择适当的教学内容，并有效地利用这些内容来培养学生的能力；教师应运用技术和其他材料，以此作为促进学习的工具。联合国教科文组织的报告强调教师要促进学习，加强与家长和社区、团队的沟通及合作。其实，称得上是儒师的中国学者，都十分重视学习以及学习的意义。《礼记·学记》中说"玉不琢，不成器；人不学，不知道"；孔子也说自己是"十有五而志于学"，要求"学以载道"；孟子更说得明白，"得天下英才而教育之"是值得快乐的事。可见，对古代贤者来说，"学习"不仅仅是为掌握一些知识，获得某种职业，而是为了"寻道""传道""解惑"，为了明确人生方向。所以，倡导师范生学习儒师、成为儒师，目的是使师范生认真思考优秀学者关于学习与人生关系的态度和立场，唤醒心中的学习动机。

基于上述思考，我们把做人之德、育人之道、教人之方、成人之学确定为儒师教育的重点领域，为师范生成为合格乃至优秀教师标明方向。为此，我们积极推动优秀传统文化融入教师教育的实践，取得了阶段性成果。一是开展"君子之风"教育和文明修身活动，提出了"育教师之四有素养、效圣贤之教育人生、展儒师之时代风范"的教师教育理念，为师范文化注入新的内涵。二是立足湖州文脉精华，挖掘区域文化资源，推进校本课程开发，例如"君子礼仪和大学生形象塑造""跟孔子学做教师"等课程已建成校、院两级核心课程，成为优秀传统文化融入教师教育的有效载体。三是把社区教育作为优秀传统文化融入教师教育的重要渠道，建立"青柚空间""三点半学堂"等师范生服务社区平台，这些平台成为师范生传播优秀传统文化和收获丰富、多样的社区教育资源的重要渠道。四是重视推动有助于优秀传统文化融入教师教育的社团建设工作，例如建立胡瑗教育思想研究社团，聘任教育史专业教师担任社团指导教师，使师范生在参加专业的社团活动中获得成长。这些工作的深入开展，对向师范生开展优秀传统文化教育产生了积极作用，成为师范生认识国情、认识历史、认识社会的重要举措。而此次组织出版的"当代儒师培养书系"，正是学院教师对优秀教师培养实践理论探索的汇集，也是浙江省卓越教师培养协同创新中心浙北分中心、浙江省重点建设教师培养基地、浙江省高校"十三五"优势专业(小学教育)、湖州市重点学科(教育学)、湖州市人文社科研究基地(农村教育)、湖州师范学院重点学科(教育学)的研究成果。我们相信，本书系的出版，将有助于促进学院全面深化教师教育改革，进一步提升教师教育质量。我们更相信，把优秀传统文化融入教师培养全过程，构建先进的、富有中国烙印的教师教育文化，是历史和时代赋予教师教育机构的艰巨任务和光荣使命，值得教师教育机构持续探索、创新有为。

舒志定

2018 年 1 月 30 日于湖州师范学院

目　录

第一章
绘画是幼儿的一种独特语言

> 当儿童在一张纸上乱涂乱画时，或是用粉笔在马路上画出粗糙的图案时，一种语言已开始出现，儿童怀着满腔热情和内在的想法画画。
>
> ——《儿童与艺术》

学习要求

通过本章学习，建立对幼儿绘画的基本认识，并深刻认识到绘画之于幼儿的重要性。应了解幼儿绘画的概念、分类与特点，清楚幼儿参与绘画活动的意义。

第一节　什么是幼儿绘画

（一）幼儿绘画的概念

绘画是艺术领域内美术学科中最常见的一个种类，它是指运用点、线、面、色彩、肌理等美术元素，通过造型、构图、设色等表现手法，在平面上塑造视觉形象。幼儿绘画指的是以 3—6 岁学龄前儿童为创作主体的绘画，蕴含幼儿发展的多方面特质，是幼儿的精神生命活动的物态表现。

幼儿常常饶有兴致地用绘画去表现他们熟悉的、感兴趣的，或是留下过深刻印象的事物，这些作品与他们的思想感情紧密联系，同话语、动作、眼神类似，是幼儿感性地把握世界的另一种语言方式，并且格外真诚，所以国内外许多心理学家在心理治疗上需要通过孩子的绘画来了解他们的内心世界。例如画人测验、房—树—人测验、家庭动力绘画测验、斯尔文绘画测验等基于精神分析的投射测验，都是通过幼儿绘画从不同角度了解幼儿的身心发展，尤其是心理发展状况。幼儿绘画同样也是幼儿诉说认知、情感的语言。如图1-1所示，同事的6岁女儿很喜欢在家里的自由绘画中表现广场舞这个主题，依据幼儿绘画内容的来源特点推测广场舞在她的经验范围之内并且具有特殊情感，经了解果不其然，曾经帮忙照顾她的阿姨是位广场舞领队。另外在一次幼儿园集体绘画活动《夜晚的猫头鹰》的创作中，如图1-2所示，她除了画出了在该活动中作为重点观察与表现对象的猫头鹰外，还加入了一个人在电脑前忙到深夜的细节，据介绍那个人是她爸爸，画面内容正是对从事高校科研工作的父亲的日常生活的写照，同时表达了幼儿感知、体谅父亲辛勤付出的情绪情感。

图1-1 《广场舞》

图1-2 《夜晚的猫头鹰》

绘画之于幼儿，不仅仅反映表层的绘画技能水平，更能揭示深层的情绪情感、认知水平、审美倾向，作为学前教育工作者，我们很有必要读懂幼儿的这种特殊语言，并采用合适的方法引导、鼓励、支持孩子们爱上这种特殊语言。

（二）幼儿绘画的分类

绘画艺术源远流长、种类繁多。从地域来看，有东方画和西方画。从时间来看，有古代画、现代画和当代画。从绘画自身来看，以我国美术院校的专业设置为例，既有按工具材料的不同，分为国画、油画、版画、综合材料绘画、壁画、漆画等专业的；也有按题材内容的不同，比如在中国画专业下设人物、花鸟、山水方向的；还有按绘画风格的不同，将油画专业分为历史写实、具象表现、抽象表现等工作室的……

幼儿绘画多姿多彩，自然也能从不同维度分门别类。

从工具材料来看，常见的有油画棒画、水彩笔画、水粉画、粉笔画、综合材料画等（如图1-3所示）。

图1-3　工具材料分类

从题材内容来看，常见的有人物画、动物画、风景画、静物画等（如图1-4所示）。

图1-4　题材内容分类

从创作形式来看，常见的有记忆画、想象画、写生画、命题画等（如图1-5所示）。

图1-5　创作形式分类

（三）幼儿绘画的特点

毕加索说："我花了一辈子学习怎样像孩子那样画画。"他理解画作的真谛是用孩子般的眼睛去"观看"，孩子眼里看到什么，就画什么，他们想当然地去"乱画"……可见，孩子的绘画有不同于职业画家及成人绘画的独特性。看到什么画什么，体现出幼儿绘画的率真性；以成人审美评判标准定义的"乱画"，恰恰体现出幼儿绘画的稚拙性。融合了率真性与稚拙性的幼儿绘画是浑然天成不做作的。

浑然天成不做作的幼儿绘画在具体的创作风格上又表现出因人而异、各不相同的特点。且不说不同年龄段、不同材料、不同主题下的幼儿绘画作品多姿多彩，即使是同班幼儿围绕同一主题的绘画创作也各有千秋。如图1-6所示，这三幅是中班集体活动"春天的花"中的幼儿绘画，虽然它们都是围绕同一个主题展开创作，但风格不同。第一幅画着重表现花的色彩，潇洒自如；第二幅画则敏感于花的结构，严谨肯定；第三幅画留了较大空间表现花儿们的生长环境，完整全面。

图 1-6　《春天的花》

幼儿绘画还表现出集再现、想象、装饰于一体的特点。如图 1-7 所示，画中对苹果树、蝴蝶、彩虹、房屋、蘑菇、草地等物象的造型是倾向于再现的，拟人化的兔子及整个场景的表现是融合了想象的，背景中的彩点、房子的用色等又是带有装饰性的。

图 1-7

除此之外，幼儿绘画还有运用空间表现时间的动态性，将事物特征做简化、概括化描绘的符号性，大胆表现、少有定式的夸张性等特点，如图 1-8 所示。

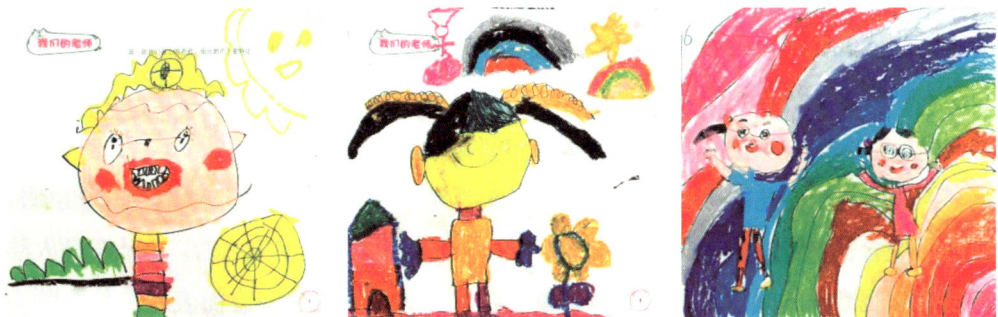

图 1-8

复习题

1. 为什么说幼儿绘画是一种独特语言？
2. 你认为幼儿参与绘画活动重要吗？为什么？

第二章
读懂幼儿绘画

儿童图画的发展是随着他的身心的发展而发展的。也就是说，儿童的图画是受着生活的经验和教育实践的影响的，它是一个连续不断、逐渐发展的过程。

——陈鹤琴

学习要求

通过本章学习，进一步深入认识幼儿绘画。了解国内外学者关于幼儿绘画发展的分期理论，清楚幼儿绘画发展的一般规律；了解幼儿绘画能力发展与绘画经验之间的特殊关系；理解儿童早期绘画特点的发生原因；了解幼儿绘画与原始绘画、现代绘画的异同。

第一节　各国学者关于幼儿绘画发展的研究

绘画是儿童表达自我的重要途径之一，可以反映儿童的内心世界。关于儿童绘画心理的研究始于 19 世纪末的欧美，在 20 世纪 30 至 50 年代曾掀起过三次大的高潮：第一次关注的重点是儿童为什么这么画，讨论画其所见还是画其所知的问题；第二次注重对绘画技能与方法的分析，反映了人们对儿童美术教育的关注；第三次是在发展心理学的基础上，通过实验和预测，提出儿童绘画是智力水平和心理状态的反映。到 20 世纪 80 年代，人们开始同时关注绘画发展过程与绘画结果，具体研究儿童如何在二维平面上表现三维空间。

（一）欧美学者关于幼儿绘画发展的研究

1. 在我国学者杨景芝所著的《中国当代儿童绘画解析与教程》和林琳、朱家雄编著的《学前儿童美术教育与活动指导》两书中均有对德国美术教育家柯思修泰纳通过研究分析三十多万张儿童画，把儿童画发展过程分为五个阶段的描述，且都置于各国学者研究理论之首，可见其在该研究领域的重要性。

（1）《中国当代儿童绘画解析与教程》中的相关描述。

错画期：1岁至3岁，乱画各种线。

图式期：用记号、象征、图式描画，稍具形状。

对线发生感情的时期：用线描画形状很感兴趣。

想表现实物的时期：图式不再出现，常用轮廓线描写实物，但不懂得表现远近。

正确地表现形状的时期：懂得远近、明暗，会写实。

（2）《学前儿童美术教育与活动指导》中的相关描述。

涂鸦期：2岁至4岁，只会画人物的局部，整幅画面无系统、无秩序。

图式期：开始能画出形状，但所画的东西仅为一种象征性的图式，如用圆表现人物的脸。

线与形式期：能分辨线的长短和形式。

平面画期：能如实地描绘所见之物，但不能表现事物的远近和明暗。

立体画期：能辨别高、深、宽三个维度，能画出远近和明暗的变化。

2. 美国美术教育家罗恩菲德的研究贯穿从幼童时期到青春期的艺术，编者选取了其中与学前儿童相关的两个阶段的理论，具体内容如下。

（1）自我表现的第一阶段——涂鸦阶段（2岁至4岁）。

儿童涂鸦的一般发展始于没有区别的涂鸦，即动作缺乏控制的随意涂鸦；大约经过六个月的随意涂鸦后，儿童会发现自己的动作和纸上的痕迹间有些相关联并开始反复他的动作，从而建立起对动作活动的控制，产生出纵横线或有控制的涂鸦；控制痕迹的乐趣刺激儿童变化动作并重复后，会尝试更复杂的动作，用整只手臂来涂鸦，然后发展出圆圈的涂鸦，此时简单地显示出要求变化的内驱力；最后儿童开始将他的动作与想象经验联结在一起，在涂鸦时说故事，此时发展到涂鸦的末期——命名阶段。

（2）首次的表现尝试——样式化前阶段（4岁至7岁）。

儿童在这个阶段最易追寻形体的新观念，开始有意义地创造形体，但还没建立起个人的表现方式，经常是用变化很大的符号来表现一种或同样的物体。虽然能够运用绘画建立所要表现的物体的代替物，但所有的线条是假定来象征实体的，与实体没有直接具象的关系，而且当局部与整体分离时，局部便会失去象征的意义，回归抽象。不在意物体间的空间关系，不能表现物体间的相互联系，也不在意表现事物的固有色。

3. 白特在其著作《心理与学业测验》中将儿童画的发展分为七个阶段，这种划分被赫伯特·里德看作是儿童画进化的发生学理论中最有系统的纲要，并在里德所著的《通过艺术的教育》一书中有直接引用，其中和学前期相关的部分如下。

错画阶段：2岁至5岁，3岁为巅峰。具体又被依次细分为无目的的铅笔画、有目的的铅笔画、模仿铅笔画和部位错画四个阶段。

画线阶段：4岁。视觉控制有了进步，喜欢画人像，常见的是以圆为头部，点为眼睛，两条单线为腿的不完整的人体结构（蝌蚪人）。

图形的象征主义阶段：5岁至6岁。人像已画得相当正确，但仍是概略的象征性图形，逐步形成自己的图式。

4. 在美国艺术治疗师凯西·玛考尔蒂的《儿童绘画与心理治疗——解读儿童画》一书中，我们同样能看到对学前儿童绘画发展的分期。

涂鸦阶段：1岁半至3岁。儿童初次自发地在平面上留下痕迹的时期，是一种动作的表征，而不是对物体的细致描绘，认为画在纸上的线条和形状也可以代表儿童环境中的事物这种意识开始觉醒。

基本形式阶段：3岁至4岁。儿童可以将自己的动作、画面上的形式与周围的世界联系起来，想象是这一时期美术能力发展的基石。

人物形式和图式的萌芽阶段：4岁至7岁。由蝌蚪人开始逐步表现细节，首次出现可辨认的环境中的常见形象，比如太阳、花和树，基于自身来进行方位判断的空间概念得到发展。

（二）我国学者关于幼儿绘画发展的研究

1. 美术教育家杨景芝老师在她的著作《中国当代儿童绘画解析与教程》中，对我国儿童绘画发展状况进行分析，根据儿童绘画心理和造型特点，给1岁半到15岁儿童做出了分期。编者同样选取其中与学前儿童相关的阶段，具体如下。

涂鸦期：1岁半到3岁。由无目的到有目的的涂画，没有具体形象。

象征期（又叫表象符号期）：3岁至5岁。根据记忆创造象征符号，进行说明性图解。

意象表现期：5 岁至 8 岁。根据观察描画物象特征，并把物象特征形成的概念，进行意象表现。

2. 屠美如在她的《学前儿童美术教育》一书中，将学前儿童绘画发展做如下分期。

涂鸦期：1 岁半至 4 岁。前期属于无目的的乱笔画，呈现在画面上的是杂乱的线条，缺少视觉控制的肌肉运动；后期出现简单的目的，但不成形，不注意色彩变化，常常使用单色笔。

象征期：4 岁至 5 岁。凭主观知觉印象描绘出物体的粗略形象，以象征物体的外形轮廓，多半是不完整的，表现的是瞬间的、不明确的感情和意图。

概念画期：5 岁至 8 岁。也称写实期，以自我为中心观察现实生活，用画来传达各种概念，常见的是用线条勾画平面轮廓，形象较前期逐步完整，并开始注意用相应的色彩表达。

纵观国内外学者就幼儿绘画发展问题的相关研究，我们不难发现他们在对整体发展进程与特征描述上的巨大相似性和在具体年龄分期方面的个别差异性。遗传与环境对个体发展的影响不言而喻，儿童自打胚胎起就拥有独特性，更何况不同时期、不同地域的儿童，又受其所在环境的影响，文化、经济、教育等因素均会对学前儿童绘画发展产生作用。

（三）幼儿绘画发展的三个阶段

图 2-1 中的两幅画分别为 4 周岁与 3 周岁半两个男孩在同一次绘画活动中完成的涂色练习。从构思来看，前者目标明确并能始终保持有意识地在轮廓线内均匀涂色，少有留白与出边；相比之下后者更像是在随意涂画，画面中的气球被杂乱的涂色用笔所覆盖而变得模糊不清，但仔细观察我们仍会发现，孩子在气球轮廓线之内——即涂色目标范围内的用笔是远多于其外的，这说明涂色过程中曾有构思但并不稳定，会随活动进程逐渐削弱至消失，或时隐时现，或被新的想法替代。在控制握笔涂色的手部精细动作方面，前者也较后者表现得更好。当我们了解、清楚幼儿绘画发展特点后便能判断，此中差异的关键并不在于两者的主观学习态度，而在于客观的年龄差距——前者较后者年长半岁，在此基础上进行绘画指导与评价才有可能得当。

图2-1　4周岁（左）和3周岁半（右）男孩的涂色练习

编者在本书第五章中关于不同年龄班幼儿绘画的具体指导意见中，结合已有研究，并借鉴张念芸老师在《学前儿童美术教育》一书中总结各国学者研究得出的共识，把幼儿绘画发展划分为涂鸦期、象征期和形象期三个阶段。

涂鸦期是一个没有表现意图的画线活动的阶段，依次有四种涂鸦线条，它们是杂乱线、单一线（控制线）、圆形线和命名线（注释线）。

象征期是一个连接涂鸦期与形象期的过渡阶段。在3岁左右，幼儿开始产生表现的意图，能用所掌握的极简单的图形和线条将事物的特征表现出来，但由于所积累的形状极为有限，所以常出现用类似的形状代表截然不同的物象的情况。

形象期始于4岁左右，儿童开始有意识地用所掌握的图形和线条表现自己的经验和愿望，绘画在构思、造型、构图与设色方面均有极大发展。

第二节　幼儿绘画能力发展与绘画经验

有关绘画经验与幼儿绘画能力发展之间的关系，即绘画经验的缺失是否必然会严重阻碍绘画能力发展的问题，早在20世纪70年代就有学者对此进行过研究。

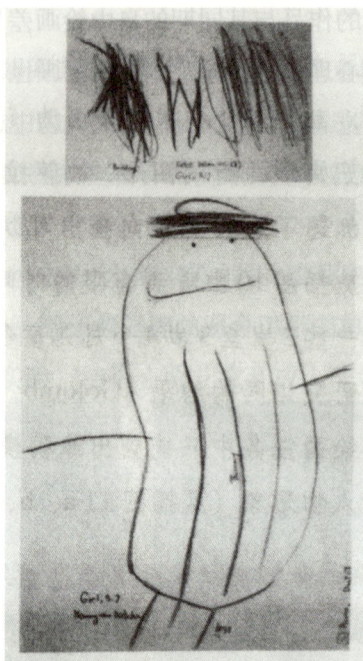

图 2-5   图 2-6   图 2-7

由此我们可以得出这样的结论：早期绘画经验的匮乏，并不会严重阻碍儿童绘画能力发展的常态进程，是否使用引导语以及如何使用就显得格外重要了。

（三）阿恩海姆：儿童为什么要这样画

儿童早期绘画既无细节又无透视变形的现象引发过理论界的思考与讨论，有学者将之归因于技术方面，认为是儿童的手眼协调能力与运动控制系统还不成熟，所以难以达到忠实再现原物的目的。但对此种观点持反对意见的阿恩海姆指出，通过对比儿童早期绘画与其他绘画对同一事物的再现可知，那种不准确的笔画所达到的初级准确程度，多数情况下足以暗示出儿童想要表现的那些物体的样子。

另外有学者认为，儿童画中之所以充满直线与圆、椭圆这些简单的形状，是因为这样画起来较容易，阿恩海姆评价这种意见只是表面的陈述现象，未能解释究竟是什么样的心理活动，促使儿童把复杂的现实事物与这些完全不同的几何式样等同起来。有这么一种情况，处于某一年龄段的儿童在写生时往往很少观看写生对象（这个写生对象是儿童认识的事物），难道这就是问题的关键所在：儿童对自己周围的环境不感兴趣，或是缺乏观察周围环境的能力？但儿童好奇、好探索、拥有敏锐观察力的特点又能很快否定这种假设。阿恩海姆认为儿童的这种行为只能说明这样一个事实：在儿童看来，眼前的写生对象提供的新鲜信息对再现对象来说是不必要的，也是无用的。

还有一种较有影响力的理论是唯理智说，它将多数儿童画仅再现事物的某些粗略特征解释为儿童画的并不是他们看到的东西，而是他们认识到的东西。阿恩海姆认为这是奇谈怪论，视知觉活动与视觉认识二者是统一的，不可分割的。在儿童发育的初级阶段上，其心灵的主要特征就是对感性经验的全面依赖，对孩子幼小的心灵来说，事物就是他们看到的、听到的、接触到的或闻到的那个样子。儿童也进行思考、解决问题和概括，但这些活动绝大部分是在知觉水平上，而非抽象思维水平上进行的，在绘画活动中，诉诸理智的场合是不多见的。

除此之外的一种解释是儿童绘画的目的不是复制现实，而是象征现实，阿恩海姆认为这根本就不是一种能够解释这个问题的学说。

阿恩海姆认为，儿童们画的就是他们看见的东西，之所以呈现出简化现象，究其原因有两方面，其一在知觉活动，其二在再现活动。绘画素材的积累始于观看，只有将看到的东西转化为视觉经验才能为再现活动提供资料，而视觉经验与视网膜照相投影之间是存在差异的。首先，知觉是一种从普遍性出发的活动，视觉经验最先把握到的是事物的一般结构特征，并不包含视网膜投影的所有物体的全部细节，所以基于天真的观察所创造出来的儿童绘画作品就是再现事物一般特征的作品，也就会呈现简化的特征；其次，在视觉经验中，距离对大小和形状不会产生如视网膜照相投影那么巨大的透视影响，所以当儿童率真地将这样的视觉经验进行再现时，也就不会考虑到由透视规律引起的大小、形状的变形了。绘画活动的后半部分就是要对知觉的结果加以再现，运用绘画材料与工具去创造出与知觉结果相对应的结构等同物。艺术家有别于非艺术家的关键所在，就是他们能够为视觉把握到的事物的一般结构性质找到等同物，儿童在这点上显然与艺术家是有区别的，但这并不意味着儿童完全缺乏再现能力，只是再现的路途比较艰辛。比如儿童用圆圈表示人或动物的头部，这个圆圈就是儿童找到的人或动物头部的结构等同物，而且是他们经过反复观察和多次尝试后才取得的一项了不起的成就。

继阿恩海姆之后，仍有许多学者关注儿童画的是所知还是所见这个重大问题，最后得出新的结论：幼儿既画所知，也画所见。在自由画、联想画中，幼儿倾向于表现所知；在观察画、写生画中，幼儿倾向于表现所见。总之，不管幼儿画的是所知还是所见，都要充分创造条件和机会，引导幼儿感受和欣赏自然界、日常生活中的美的事物，发现美的特征与规律，丰富美感体验，培养表现力、想象力与创造力。

第三节 幼儿绘画与原始绘画、现代绘画

（一）幼儿绘画与原始绘画

幼儿绘画与原始绘画中都充满了事物一般性的特征和未经变形的形状，这是因为他们画的都是自己看到的东西，关于知觉活动的相关内容前文已述。

图2-8《内巴蒙花园》是一幅约公元前1400年的底比斯墓室壁画，在这幅画中我们能看到俯视的正面池塘、平视的侧面鱼禽、垂直于池塘的横卧树木……埃及人会为了将画中的每样事物表现清楚而根据它们各自的特点选取不同角度，相似的结果常见于幼儿绘画中（如图2-9所示）。

图2-8 《内巴蒙花园》

图2-9

原始绘画虽然在形式上和幼儿绘画非常相似，但究其表现的目的是截然不同的。幼儿绘画产生于单纯的好奇心和创造性的冲动本身，而原始绘画并非如此，它被作为日常生活中的重要实践工具或一种超凡的力量，自然物对原始人来说是具有特殊表象和行为的，与它们的实际用处无关，换句话说，绘画是原始人用来施行"巫术"的。如图2-10所示，以野牛、长毛象、野马等远古人日常捕捉而熟悉的动物为表现对象的岩画被一个紧接一个地绘制或刻画在洞顶和洞壁上，但这些处于人迹罕至、幽暗山腹中的画作并不是用于装饰的，更不是出于远古人的闲情逸致，在远古人的观念中，超自然的力量与大自然一样实有其物，只要狩猎者用他们的捕猎工具对着这些岩画痛打一番，真正的猎物也就被降服了。

图 2-10

（二）幼儿绘画与现代绘画

关于幼儿绘画与现代艺术的瓜葛之说也是由来已久。20世纪的名家作品和年幼儿童的绘画在幽默、情感表达和美学感染力这些方面曾被指出具有相似性。我们先来拜读立体主义先驱毕加索探索绘画真谛的语录："我在十几岁时就能画得像个古代大师，但我花了一辈子学习怎样像孩子那样画画。"就这个话题，在陈丹青的《纽约琐记》中，有这样一段阐述："小孩画画同职业画家的差别不在画法——如'孩子般'假天真、假变形的大人的画，我们看得还少吗——而在孩子的'观看'方式……换用比喻，则文艺复兴到19世纪的绘画贯穿的是'成人'的观看方式，即所谓写实的、自觉的、'科学'的，诸如比例、透视、据实写生之类；但凡欧洲美术史'正史'之外的绘画（原始的、民间的、民族的、区域的）相对来说就体现为'小孩'的观看方式。'小孩'怎样观看呢，即自发的，但非'科学'地状物的欲望，例如只看物象轮廓（用简单的线条'表意'），而且是局部地看（画左眼时不顾右眼，画前面时不顾后面等），诸如此类。"陈丹青指出，毕加索的贡献是将立体主义散点式的观看同"孩子"般的局部观看互相混淆，在他的肖像画中之所以会产生形神"酷似"这样的奇迹，在于他神奇地调和了"成人"精明的绘画经验（判断效果、控制画面）和"孩子"率真的观看经验（单凭感觉、直觉）（如图2-11所示）。

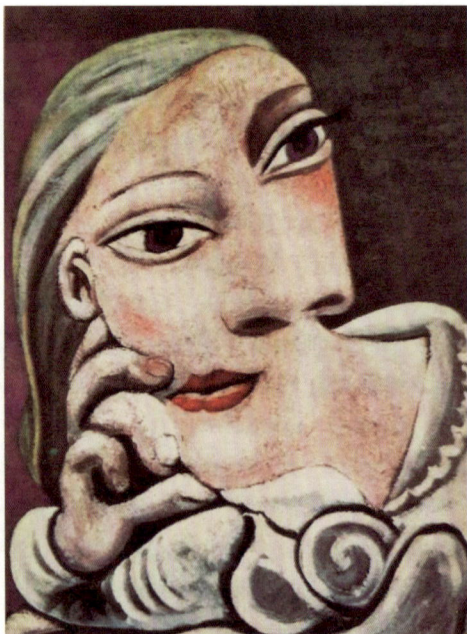

图 2-11 毕加索作品

他还指出，毕加索和孩子的画中其实都没有夸张和变形，孩子根本就不知道什么叫"夸张"和"变形"，这两个词都是成人想出来的，"侧脸而能看到双眼，正面而画出耳背，这种将环绕各个面的观察全画在一个平面上的'愿望'，不但不是夸张，而是渴望更'真实'的意图——孩子的意图：眼睛所看到的任何印象、部位都不想遗漏"。

接着让我们再把目光转向美国抽象表现主义画家威廉·德·库宁，他认为艺术是一种理解生活的工具。他以舞蹈表演一般的、在旁人看来近乎夸张的激情姿态从事绘画创作（如图 2-12 所示），把绘画看作是体验、表达、实现自由的过程，这与幼儿绘画产生的历史程序是如出一辙的。

图 2-12　德·库宁作品

除此之外，我们有必要将目光收回，重新追溯到现代艺术的鼻祖那儿，即导向立体主义起源、被誉为"现代艺术之父"的塞尚，导向引起德国表现主义反响的天才艺术家梵高，以及导向各种形式的原始主义的绘画大师高更。如图 2-13 所示，塞尚画自己看见的形状和色彩，不画知道的和学到的东西，探索有趣的、富有表现力的图案。如图 2-14 所示，梵高在作品中强调表现感受，他用色彩和形状来表达出自己对所画物象的感觉和希望观者产生的感觉。殊途同归，他们都有意识地抛弃

"模仿自然"的传统绘画目标，不惜牺牲"正确的透视"和适当改变形状为他们各自所持的理由服务。那种在画面中通过变形消解焦点透视，用自由的平涂淡彩来画，使明暗和投影都抑隐不露的做法，与学前儿童绘画中无透视、无光影、无体感的平面化表现极为相似。如图2-15所示，高更通过简化形象的轮廓和使用大片强烈的

图2-13 塞尚作品

图2-14 梵高作品

图2-15 高更作品

色彩，力求达到直率和单纯的效果，直率性和单纯性又何尝不是学前儿童绘画的另一特征呢？

幼儿绘画还有色彩鲜艳的装饰性效果，这种效果在野兽派画家马蒂斯的作品中表现突出，如图 2-16 所示。

图 2-16 马蒂斯作品

如罗恩菲尔德和伯瑞坦所说："绘画为我们提供了衡量儿童发展的良好指标，通过绘画表现的变化，我们可以看到儿童逐渐从自我中心的立场认识到自己是环境的一个部分的过程。"绘画会反映儿童如何看待、感知周围世界并对此做出反应，大多数幼儿的绘画发展都遵循可以预期的轨迹，这为教师引导和评价幼儿绘画提供了强有力的参考依据。当然也有特例，比如被艺术和心理领域广泛研究的孤独症女孩娜蒂娅，她被诊断为功能性发展滞后，似乎是将语言上荒废的功能全都转移到绘画中了，在她 3 至 6 岁期间所作绘画可以与成人艺术家相媲美，成年后绘画能力却严重退化（如图 2-17 所示，图片来自《儿童绘画与心理治疗——解读儿童绘画》）。

同时，我们需要明白幼儿绘画的发展轨迹不是严格的直线发展，情感、认知、社会性和生理发展等诸多因素都会对其产生影响，所以幼儿绘画水平出现波动是常态。

图 2-17

📋 **复习题**

1. 幼儿绘画发展的一般规律是什么？

2. 幼儿绘画能力发展与绘画经验之间是什么关系？

3. 阿恩海姆是如何解释"儿童为什么要这样画"的？你是如何看待这个问题的？

4. 举例说明幼儿绘画与原始绘画、现代绘画的异同。

💡 **思考题**

观察、比较同龄幼儿绘画发展的共性与个性。

第三章
幼儿绘画教育的目标体系、内容与要求

通过本章学习，建立对幼儿绘画教育的进一步认识，清楚幼儿绘画教育的目标体系，掌握主要内容与基本要求。

第一节　幼儿绘画教育的目标体系

（一）幼儿园教育目标

早在 1996 年，我国国家教委就于《幼儿园工作规程》中明确了幼儿园保育与教育的主要目标：

1. 促进幼儿身体正常发育和机能的协调发展，增强体质，培养良好的生活习惯、卫生习惯和参加体育活动的兴趣。

2. 发展幼儿智力，培养正确运用感官和运用语言交往的基本能力，增进对环境的认识，培养有益的兴趣和求知欲望，培养初步的动手能力。

3. 萌发幼儿爱家乡、爱祖国、爱集体、爱劳动、爱科学的情感，培养诚实、自信、好问、友爱、勇敢、爱护公物、克服困难、讲礼貌、守纪律等良好的品德行为和习惯，以及活泼、开朗的性格。

4. 培养幼儿初步感受美和表现美的情趣和能力。

（二）幼儿园艺术领域目标

2001 年，我国教育部制定并颁布了《幼儿园教育指导纲要（试行）》（以下简称《纲要》），指出"幼儿园的教育内容是全面的、启蒙性的，可以相对划分为健康、语言、社会、科学、艺术等五个领域"，并明确指出了幼儿园艺术领域的教育目标：

1. 能初步感受并喜爱环境、生活和艺术中的美。

2. 喜欢参加艺术活动，并能大胆地表现自己的情感和体验。

3. 能用自己喜欢的方式进行艺术表现活动。

为深入贯彻《国家中长期教育改革和发展规划纲要（2010—2020）》和《国务院关于当前发展学前教育的若干意见》，指导幼儿园和家庭实施科学的保育和教育，促进幼儿身心全面和谐发展，2012 年，我国教育部又制定了《3—6 岁儿童学习与发展指南》（以下简称《指南》），其中将艺术领域的教育目标细化具体到 3—6 岁的各年龄段。具体如下：

目标 1　喜欢自然界与生活中美的事物

3—4 岁	4—5 岁	5—6 岁
1. 喜欢观看花草树木、日月星空等大自然中美的事物 2. 容易被自然界中的鸟鸣、风声、雨声等好听的声音所吸引	1. 在欣赏自然界和生活环境中美的事物时，关注其色彩、形态等特征 2. 喜欢倾听各种好听的声音，感知声音的高低、长短、强弱等变化	1. 乐于收集美的物品或向别人介绍所发现的美的事物 2. 乐于模仿自然界和生活环境中有特点的声音，并产生相应的联想

目标 2　具有初步的艺术表现与创造能力

3—4 岁	4—5 岁	5—6 岁
1. 能模仿学唱短小歌曲 2. 能随着熟悉的音乐做身体动作 3. 能用声音、动作、姿态模拟自然界的事物和生活情景 4. 能用简单的线条和色彩大体画出自己想画的人或事物	1. 能用自然的、音量适中的声音基本准确地唱歌 2. 能通过即兴哼唱、即兴表演或给熟悉的歌曲编词来表达自己的心情 3. 能用拍手、踏脚等身体动作或可敲击的物品敲打节拍和基本节奏 4. 能过用绘画、手工制作等表现自己观察或想象的事物	1. 能用基本准确的节奏和音调唱歌 2. 能用律动或简单的舞蹈作表现自己的情绪或自然界的情景 3. 能自编自演故事，并为表演选择和搭配简单的服饰、道具或布景 4. 能用自己制作的美术作品布置环境、美化生活

（三）幼儿园美术领域目标

蔡元培先生在"以美育代宗教"的倡议中提出"纯粹之美育，所以陶养吾人之感情，使有高尚纯粹之习惯"。所谓"陶养感情"，就是用美和艺术去陶冶、净化人的感情，使之具有美的超脱性和普遍性，从而陶铸高尚的情操。艺术是创造美和实现美的，美育是自由的、进步的、普及的。

陈鹤琴先生认为，儿童绘画教育的目的不仅在于使儿童习得某些绘画技能，更重要的是使他们对新社会、新事物有一个正确的观念。通过引导儿童观察大自然、生活中的各种事物来扩大他们的眼界，通过让儿童亲身体验社会中所发生的千千万万的事物来丰富他们的经验，在扩大眼界、丰富经验的方向上配合儿童"五爱"教育以达目标。

蔡先生向我们道出了美术教育具有的审美属性及其重要性，陈先生向我们指明了幼儿美术教育与专业美术教育之间的差异。结合幼儿园教育目标与艺术领域目标的具体要求，可知幼儿园美术教育旨在培养幼儿的全面发展及其健全人格的养成，具体包括以下几方面：

1. 培养幼儿参与美术活动的兴趣。

2. 培养幼儿初步的美术观察力、感受力、想象力和创造力。

3. 促进幼儿手、眼、脑协调发展。

4. 培养幼儿良好的美术活动习惯。

（四）幼儿园绘画教育总目标

幼儿绘画教育是幼儿美术教育的重要组成部分，根据它在目标体系中的定位，结合布鲁姆的教育目标分类理论以及我国幼儿绘画教育的实践，编者将从认知、情感、动作技能三个角度对幼儿绘画教育的总目标进行解析。

1. 认知目标

①认识基本的绘画语言；

②认识基本的美学原则；

③认识儿童绘画的常用材料和工具，知道不同材料与工具的安全、适当的使用方法；

④知道不同的绘画材料、相同材料不同技法会出现不同的视觉效果；

⑤知道通过绘画活动表达自我，与同伴、老师、家长等交流自己的感受与想法；

⑥体验绘画艺术与其他各种文化艺术之间存在的联系与差异；

⑦养成良好的绘画活动习惯。

2. 情感目标

①喜欢参加绘画活动，大胆地表现自己的经验、情感和想象；

②喜爱环境、生活和艺术中的美；

③喜欢将自然界、生活和艺术作品中的美感体验通过绘画方式加以呈现；

④愿意与他人分享、交流自己的绘画作品、美感体验。

3. 动作技能目标

①能够安全、适当地使用各种幼儿绘画工具与材料；

②能够运用基本的绘画语言表现自己观察到的、记忆中的或想象出的事物；

③能够选择自己喜欢的绘画材料和绘画语言，大胆表现自己的思想和情感；

④能够进行创造性的表现，具有创造意识。

（五）幼儿园绘画教育年段目标

幼儿园绘画教育活动的主体涉及3—6岁儿童，从幼儿绘画发展的规律与特点来看，3—4岁的小班幼儿经历了从涂鸦期到象征期的转变，4—5岁幼儿处于形象表现的发展阶段，5—6岁幼儿在表现情节与深度空间上有所关注和发展。绘画教育目标的制定离不开各年龄阶段幼儿的身心发展规律与绘画活动能力，从这个角度来说上述绘画教育总目标还是过于笼统了，因此还需要了解相应的年段目标。

1. 小班幼儿绘画活动目标

（1）认知目标

①初步认识幼儿绘画常用工具与材料；

②能够辨认红、橙、黄、绿、蓝、紫等基础色；

③学会辨认不同形态的线条，感受线条的方向、粗细与疏密；

④学会辨认圆形、方形、三角形等简单图形。

（2）情感目标

培养幼儿的绘画兴趣，能够愉快大胆地作画。

（3）动作技能目标

①能够安全、适当地使用简单的绘画工具与材料进行创作；

②能够画出不同颜色的点与不同形态的线；

③学会运用简单图形表现物体外形特征。

2. 中班幼儿绘画活动目标

（1）认知目标

①学会辨别色彩的深浅和色调倾向；

②学会把握形象的基本结构，理解形状符号的象征意义；

③感知绘画主题与画面内容之间的联系；

④感知上下、左右的平面位置关系。

（2）情感目标

喜欢用自己独特的绘画语言表达自己的想法和感受。

（3）动作技能目标

①学会运用图形组合的方法，表现物体的基本结构与主要特征；

②能够有目的地使用多种色彩进行表现；

③学会围绕主题安排画面内容；

④能够表现上下、左右平面空间。

3. 大班幼儿绘画活动目标

（1）认知目标

①初步养成从整体到局部的绘画思维习惯；

②增强配色意识；

③感知深度空间；

④感知均衡、对称、变化等形式美基本原则。

（2）情感目标

在组织画面的过程中逐步收获美感体验。

（3）动作技能目标

①能够从整体上把握画面，学会表现事物之间的联系；

②学会按照形式美的基本原则安排画面；

③学会表现人物、动物的基本动态；

④学会使用立体构图表现深度空间；

⑤能够自主地综合使用多种材料进行绘画创作。

（六）幼儿园具体绘画活动目标

幼儿绘画教育中的具体活动目标就是某一具体绘画活动想要达到的预期效果，它的制定需要注意以下几个方面。

第一，系统性。系统性一方面是指目标体系环环相扣、层层深入，具体活动目标处于目标体系的末端，它的制定要在方向上与总目标和年段目标相一致，同时着眼于活动主体的实际绘画发展能力与特点，结合活动具体内容，由浅入深、循序渐进地提出目标；另一方面是指活动目标的制定要从认知、情感、动作技能三个维度综合考量、平衡权重。

第二，角度统一。角度统一是指一个绘画活动的所有目标内容都站在教师的角度或都站在幼儿的角度来制定。目前，基于幼儿是活动主体的教育理念，大多数教师会选择从幼儿的角度来制定活动目标。

第三，全面发展。绘画活动目标的制定要着眼于幼儿现有的绘画水平，落脚在绘画能力的最近发展区内，以期达到促进幼儿绘画能力发展的同时，还要从性格、品行、习惯等角度促进幼儿的全面健康发展。

第四，具体可操作。绘画活动目标不像总目标那样只需指出教育的方向，在表述上不能笼统而谈，而要通过具体的目标内容反映出教师是通过何种具体活动来体现和落实对幼儿各种能力的培养的，需要具有可操作性，这样才能对活动实施起到指导作用。

第二节　幼儿绘画教育的内容与要求

根据《纲要》中制定的艺术领域的内容与要求，将幼儿绘画教育的内容与要求概括为如下六点：

第一，引导幼儿接触周围环境和生活中美好的人、事、物，丰富他们的感性经验和审美情感，激发他们通过绘画活动表现美、创造美的情趣。

第二，在绘画活动中面向全体幼儿，要针对他们的不同特点和需要，让每个幼儿都得到美的熏陶和培养。对有绘画天赋的幼儿要注意发展他们的绘画潜能。

第三，提供自由表现的机会，鼓励幼儿用不同的绘画材料、工具以及绘画形式语言大胆地表达自己的情感、理解和想象，尊重每个幼儿的想法和创造，肯定和接纳他们独特的审美感受和表现方式，分享他们创造的快乐。

第四，在支持、鼓励幼儿积极参加各种绘画活动并大胆表现的同时，帮助他们提高绘画表现的技巧和能力。

第五，指导幼儿将身边的物品或废旧材料运用到绘画活动中来美化自己的生活或开展其他活动。

第六，为幼儿创设展示自己绘画作品的条件，引导幼儿相互交流、相互欣赏、共同提高。

（一）幼儿绘画教育的具体内容

幼儿绘画教育活动是指教师引导幼儿使用各种学前阶段的绘画工具与材料，借助点、线、面、色等绘画基础元素，通过造型、构图、设色等表现手段，在平面上塑造出视觉形象，从而表达创作主体对周围世界的认识和情绪态度的一种活动。幼儿绘画教育的具体内容主要有以下三方面。

1. 绘画工具与材料

幼儿要参与绘画活动，首先要认识、熟悉各种学前阶段常用的绘画工具与材料，了解它们的特性，掌握它们的使用技法，以便在绘画表现过程中灵活运用。

（1）绘画工具与材料及其特性

幼儿常用的绘画工具与材料分为传统和非传统两大类。传统类指的是大众熟知的、根据绘画的需要被制造出来的那些工具与材料，比如铅笔、蜡笔、油画棒、水彩笔、记号笔、粉笔、水粉颜料、丙烯颜料、墨汁、铅画纸、素描纸、宣纸、卡纸等；而非传统类指的是其生成或制造本意与绘画无关，现今为表达某种特定的效果被借用到绘画创作中来的工具与材料，比如树叶、秸秆、石头、果壳、盐、棉签、吸管、毛线、塑料袋、纸盘等。这两类绘画工具与材料在幼儿绘画活动中常常被结合起来使用，其过程产生的体验性、探索性、趣味性与活动结果的丰富性很能调动幼儿的学习热情。

每种材料都有各自的特性，有的相对接近、容易混淆，我们做如下比较。

如图 3-1 所示，油画棒与蜡笔都是幼儿学习色彩画的理想工具。油画棒是一种油性彩色绘画工具，蜡笔是将颜料掺在蜡里制成的笔，它们都有不溶于水的特性，均适合表现幼儿常用的油水分离法（该技法在后文有详细讲解）。但油画棒色彩更鲜艳、质地更柔软，在纸上的附着力、覆盖力更强，能够通过反复叠加形成复合色，蜡笔则不能。

图 3-1　蜡笔（左）和油画棒（右）

水粉、水彩、丙烯这三种颜料在使用之初都有溶水性，均能与水进行调和。其中水粉颜料色彩厚重、有覆盖力，且技法简单，最适合幼儿使用；丙烯速干，干后呈塑料质地，不像水粉水彩那样可再次溶水，适合彩绘那些用作环创陈列或暴露在遇水环境中的事物，如图 3-2 所示；水彩颜料色彩轻盈透明、不宜修改，技法相对复杂，幼儿期使用不多。

图 3-2　丙烯彩绘

水彩笔与记号笔都含水分，均有色彩鲜艳丰富、不易掉色的特点，但水彩笔受阳光曝晒易褪色，记号笔的色彩持久性更好，两者的作画如图 3-3 所示。

由于幼儿绘画工具与材料众多，老师应该通过创设丰富多彩的绘画活动逐步渗透各种工具与材料的特性，让孩子亲自操作、亲身体验，认识、熟悉不同绘画工具材料的特性。

图 3-3 水彩笔画（左）和记号笔画（右）

（2）绘画工具与材料的使用技法

在初步认识和了解了各种适合学前阶段使用的绘画工具与材料的基础上，幼儿还需对如何较好地运用它们创作出自己满意作品的方式与途径有所了解，掌握它们在绘画表现中的具体使用方法。下面介绍几种适合幼儿的技法。

平涂法是最基础的着色方法，就是将色彩均匀地平铺在画面上，如图 3-4 所示。其要领是顺着轮廓线的走势由外向里，力量均衡、方向一致、用笔紧实地涂。对于手部精细动作处在发育阶段的幼儿来说，这种技法适合大面积涂色，并要选用笔头大、色彩容易衔接的工具材料供他们使用，比如油画棒和水粉。

图 3-4 平涂法

点彩法就是用点的笔触表现色彩，通过点的大小、形状、方向、疏密等组织画面，可并置亦可重叠，产生色彩跳跃闪烁的效果，如图 3-5 所示。各种彩笔都能用于点彩法，幼儿初期常用到两种非传统绘画工具——手指和棉签，也可用于点彩法。直接用手指或者借助棉签蘸取颜料在纸上点画的过程，既简便又富有趣味，很受幼儿喜爱。

图 3-5　点彩法

吹彩法就是直接用嘴巴或者借助吸管吹气，将滴在画纸上的颜料吹散开，呈千姿百态的放射状纹理，如图 3-6 所示。教师要注意引导幼儿控制吹气力度，观察吹气力度的大小与颜料流动之间的关系。在吹彩过程中，既可以按自己想要表现的内容控制吹气的力度与方向有目的地吹，也可以先随意吹，吹成后再联想添画。这种作画方式轻松有趣，画面效果变化莫测，符合幼儿好奇心重、想象力丰富的特点。

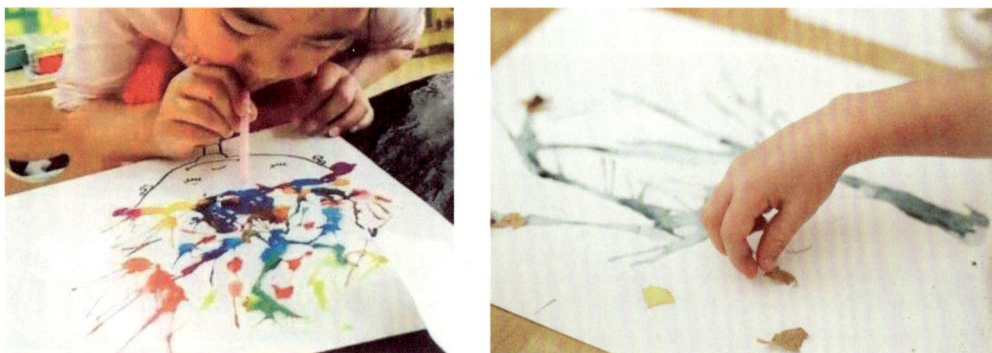

图 3-6　吹彩法

油水分离法就是借助了油画棒与蜡笔不溶于水的油性特质作画，如图 3-7 所示。先将油画棒或蜡笔涂于纸上，然后用水粉、水彩等水性颜料大胆着色，但凡涂了油性材料的部位，水性颜料就不能将其覆盖。这种技法方便了细节与背景色的区分，且会形成干湿两种绘画效果，丰富画面层次感。

图 3-7　油水分离法

　　溅彩法就是制造出细小均匀的彩点飞溅在纸上的作画方法，如图 3-8 所示。具体有多种操作，一种是用牙刷蘸取颜料，在塑料板、一次性筷子等坚硬物品的边缘反复摩擦溅出彩点，因此也被称为牙刷喷画；一种是用画笔蘸取颜料敲击另外一支笔杆或木棍溅出彩点；还有一种是直接将颜料调水灌入喷壶中进行喷画。为了丰富画面，简化造型，同时强化幼儿对形体的感知与认识，可先在纸上拼摆树叶、花瓣、卡片等小物件，用其遮挡掉部分溅出的彩点，自然留出雾点勾勒出的遮挡物轮廓。在活动过程中，教师要提醒幼儿注意颜料与水的配比、蘸取颜料的多少、刮刷的方向、敲击或按压的力度、工具与纸面的距离等容易影响彩点大小、密度与均匀度的关键点。

图 3-8　溅彩法

撒盐法原是水彩画中的一种独特技法，由于其操作简便又颇具趣味性，很适合借用到幼儿水性颜料画中，如图 3-9 所示。基本做法是将盐撒在未干的水性颜料画面上，盐融化时会将颜料化开，待画面干透后轻轻拂去盐末，画面就会出现闪烁的小亮点。画面颜色越深，与亮点的对比越强，效果也就越明显。这种技法适用于表现繁星闪耀的夜空，漫天飞舞的雪花、蒲公英等场景。在具体操作过程中，教师需要提醒幼儿控制好撒盐的量，把握好撒盐的时机。

图 3-9　撒盐法

吸附法也称水拓法，它是将稀释过的水粉、水彩、墨汁或其他油性颜料滴入水中，用吸管或一次性筷子引导，或通过轻扣容器壁震荡的方式使水中的颜料形成一定的纹理并浮于水面，再用宣纸等吸水性好的纸张覆盖水面将纹理吸附，吸附的画面千变万化、富有韵味，平铺晾干后，幼儿可根据吸附的纹理进行联想添画，如图 3-10 所示。在使用吸附法的过程中，幼儿要控制好滴入颜料的量，掌握引导纹理形成并浮于水面的技巧，学会放纸于水面"先中心后周围"驱赶气泡的顺序。

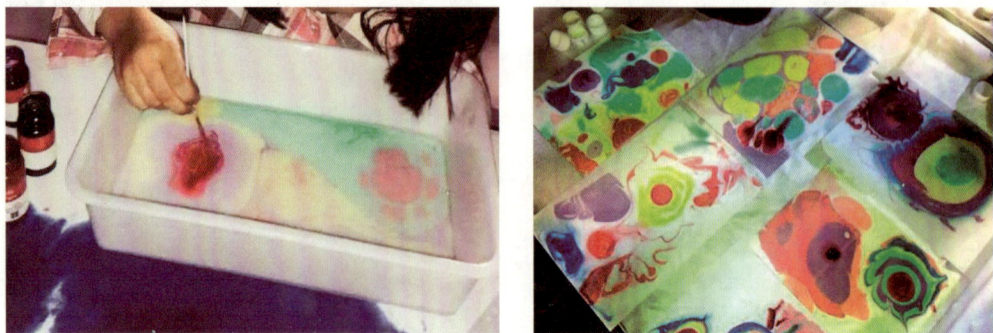

图 3-10　吸附法

拓印法包含拓与印两方面，如图 3-11 所示。拓法是指将薄纸平铺在有明显凹凸肌理、质地结实的物体上，比如叶脉凸显的树叶、雪花片等，然后可用油画棒在纸上反复均匀涂抹，也可借助棉团、布团、纸团等自制工具蘸取颜料在纸上拍印，直至显现出被拓物清晰的纹理与轮廓。在拓法中，幼儿要注意用笔与拍印的力度，以及蘸取颜料的多少与干湿度。印法指的是给同拓法中适用的有明显凹凸肌理的物品的一面着色，也可用自制的揉皱纸团、布料等蘸取颜料，趁颜料未干时将物品着色一面在纸上压印，留下原物品的纹理、形状，需注意颜料的干湿度以及压印的力度与均匀度。稀释过的颜料容易泼洒，可以放入海绵制成印泥。

图 3-11　拓印法

（3）绘画基础知识和技能

教师需要帮助幼儿提高的绘画基础知识和技能即绘画的表现手段，主要包括造型、构图、设色三方面内容。

①造型

造型是绘画创作的基础，具体是指绘画者借助点、线、面等要素构成画面中的每一视觉直观形象。虽然造型能力是实现绘画创作的关键能力，但是基于幼儿美术教育属于审美教育范畴而非专业美术教育的特殊性，幼儿在绘画中不需要掌握很高的造型技巧，只要能够进行绘画表现即可，并且，幼儿的造型能力在绘画创作过程中也会随之提高。在造型方面，要着力培养幼儿观察、理解事物基本结构的能力，在此基础上引导幼儿灵活运用绘画基础元素大胆再现。此处，幼儿需要了解点、线、面的基本形态和它们之间的组织方式。

点是造型元素中最小的单位，既无长度也无宽度，它的基本形态可分为实心点和空心点，这两类点又可在大小、形状、色彩上千变万化。点与点之间的组织方式主要通过距离的远近来表现，即疏密关系。

线的基本形态有直线与曲线两类。根据方向不同，又可将直线分为水平线、垂直线、倾斜线以及折线。曲线具体形态有弧线、波浪线、螺旋线等。这两类线在粗细、长短、色彩上均可变化。线与线之间的组织方式也多种多样，可有序，亦可无序，具体方式有并列、交叉、重叠、穿插等。

面即形状，它的基本形态有规则与不规则之分。规则形状既包括方形、圆形、三角形这类几何人造形，也包括月牙形、花形、心形等自然形状；不规则形状也可称其为自由形状，常见于大自然中，比如云朵、浪花、石头等。面与面之间的关系可各自独立互为并列，也可相互穿插，还可包含、重叠。

点、线、面既有各自的相对独立性，又有密切的内在相关性，三者组合如图3-12所示。点沿线形排开密集到一定程度就成了线，点在一定范围聚集又能形成面，线首尾相接也成了面，面逐渐缩小会成为点……

图3-12　点、线、面的组合

②构图

构图即布局，也就是绘画者为表现事件情节、环境气氛等，根据主题内容的需要对画面中各形象分布与主次关系的把握。有研究表明，幼儿构图水平由低到高发展，依次经历零乱式、并列式、散点式、遮挡式四种形式，如图3-13所示。为了使幼儿能够把自己的意图通过构图传达出来，教师需要引导幼儿学会观察，善于在事物间建立联系，做出比较。这个"比较"包括认识事物的空间关系，二维的如事物间的相对大小、高低、上下、邻近、分离等，三维的如前后、远近、内外等。教师既可以引导幼儿通过观察真实物体间的空间关系得出比较，也可以通过欣赏作品，分析、了解作者的构图意图，习得经验。这里的"经验"包括画面中主次形象的大小、位置关系，主体与背景的关系，近、中、远景的关系等。

图3-13　幼儿构图水平由低到高发展

③设色

色彩是重要的绘画元素之一，幼儿设色包括在认识色彩基础上的选色与用色等内容。

认识色彩，主要是指认识色彩三要素以及色彩的冷暖属性。色彩三要素指的是色彩的色相、明度、纯度。

色相，即色彩的基本相貌，也就是色彩的最根本属性，据此，我们给予不同的颜色不同名称，如图3-14所示为色相环。自然界中的色相无限丰富，幼儿要学会辨别红、黄、蓝三种原色，由三原色两两等量调和得到的绿、橙、紫三种间色，另外还包括三种及三种以上颜色调和而出的常见复色，如黄灰、绿灰、蓝灰等（如图3-15所示），以及无彩色黑、白、灰。

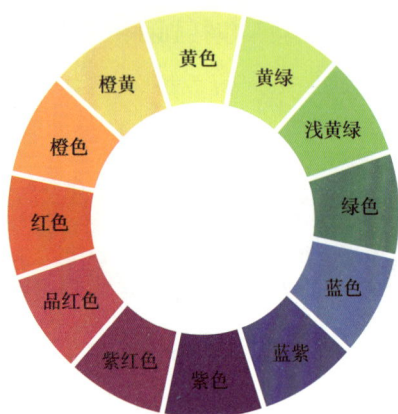

图3-14　色相环

图3-15　原色、间色与复色

明度是指色彩的明暗程度，通俗的有深浅、浓淡等说法。在无彩色中，白色明度最高，灰色次之，黑色明度最低；在三原色中，黄色明度高于红、蓝；在同种色中，明度的高低与调入的白色比例成正比（如图3-16所示）。

图3-16　不同明度的蓝色

纯度是指色彩的纯净度，也称彩度。纯度越高，色彩越鲜艳；纯度越低，色彩越浑浊（如图 3-17 所示）。色彩纯度会随调和次数的增加而递减，也就是说，原色纯度高于间色，间色纯度又高于复色。幼儿绘画普遍表现出色彩鲜艳的特点就在于孩子们一般不进行调色与混色，喜欢拿来一个颜色就用。

图 3-17 不同纯度的红色

色彩的冷暖属性指的是不同颜色会给人带来不同冷暖的心理感觉，日常生活中水龙头一蓝一红的冷热水标识就是运用了这一特点。一般来讲，红、橙、黄等颜色会使人联想到暖烘烘的太阳与火焰，给人带来温暖的感觉，我们就把这些红黄色系的颜色称为暖色；青、蓝、绿等颜色会使人联想到水、冰等令人产生寒冷感觉的事物，因此把蓝绿色系的颜色称为冷色。

通过认识色彩的三要素及其冷暖属性，可以让幼儿更加全面地了解色彩，为它们在绘画创作中更好地选择色彩、运用色彩奠定基础。

幼儿在选择色彩上经历了一个逐步发展变化的过程。如图 3-18 所示，从早期的探索和识色阶段，无意涂染，不涂色或者给什么颜色用什么颜色，渐渐转为有感情的涂染，会选择运用自己认识、喜爱的几种色彩，而拒绝使用自己厌恶的颜色；再后来随着认识的颜色越来越多，好恶愈加分明，此阶段会通过运用自己喜爱的各种色彩区分事物结构，该阶段被有些学者称为"花哨涂染"或者"结构性涂染"；到学前末期，有些幼儿会萌生再现事物客观色彩的想法，也就是意识到事物的固有色。教师在指导幼儿择色上，不必要求他们使用固有色描绘事物，只需引导他们欣赏美的事物、景物，要求他们大胆地使用丰富的颜色，尽可能地调动他们的色彩感受力，抓住色彩的美感特点、动人之处进行表现。

幼儿运用色彩的途径有涂染、线描与点彩三种。涂染就是不勾勒形象轮廓，直接用画笔蘸取颜料或者彩笔进行涂画，由于这种方法作画速度快，创作过程酣畅淋漓，因而很受年幼儿童欢迎。线描是指先用线条勾勒形象轮廓，然后在内部涂色，这种方法能清晰表现事物的形体结构与特征，适合年龄稍大的幼儿。点彩就是通过彩点的并置与重叠表现视觉形象，点彩工具众多，有手指、棉签以及传统画笔等，使用这种方法绘画过程有较强的趣味性，极能引起幼儿对绘画活动的兴趣。

图 3-18　幼儿用色的发展变化

3. 感知觉与情绪情感

幼儿在掌握了绘画工具与材料的使用方法以及具备一定的绘画表现能力之后，就必然与绘画创作画等号了吗？答案是否定的。在引导幼儿通往绘画创作实践的道路上，教师还需关注他们的心理因素，即感知觉与情绪情感。

绘画创作中的感知觉并不单指我们所熟知的，还包括绘画主体将观看获得的视觉经验借助绘画媒介呈现视觉形象时所调动的视知觉，触摸物体轮廓、结构、质地等触觉经验，听到过的轻快、柔和、激昂、悲壮等曲调的听觉经验，尝到过的酸、甜、苦、辣、咸等味觉体验……绘画创作是幼儿调动各种感知觉将生活体验通过绘画语言转化为视觉形象的过程。因此，教师有必要在绘画教育中安排看、触、听、尝等活动环节，对幼儿进行适宜的感官刺激，引导感知觉的全方位调动，为更深刻、更有真情实感的绘画表现埋下伏笔。

各种感知觉获得的经验仅为绘画创作提供了充分素材，要主动调用这些素材还需要有主体的绘画创作愿望，即导向绘画的情绪与情感。这就要求教师引导幼儿乐于运用他们的绘画本能，多给予关注、支持和鼓励。

（二）幼儿绘画教育的基本要求

教师应成为幼儿绘画活动的支持者、合作者、引导者，与幼儿建立起类似亲子的安全依恋关系，得到幼儿的绝对信任，让他们愿意在教师面前尽情释放自我，表达自我。在绘画教育中既要关注幼儿学习与发展的整体性，又要尊重个体差异；既要理解幼儿的学习方式和特点，也要重视学习品质的培养。

1. 践行幼儿为本的发展观

幼儿对事物的感受、理解、表达方式都有别于成人，他们在绘画作品中呈现的独特线条、构图、色彩往往蕴含着丰富的想象和情感，成人应给予幼儿绘画充分的理解与尊重，为他们能够勇敢真诚地表达自我创造条件、搭建平台，不能用成人的审美标准去评判他们的作品，更不能为追求纯粹知识技能的绘画教育而破坏了孩子们得天独厚的通感。对于幼儿来说，绘画不仅仅应注重创作效果，它更是一种途径与方法，教师应在顺应儿童自然本性发展下，通过绘画这种儿童喜闻乐见的艺术手段，发展其观察力、感受力、记忆力、想象力和创造力。有一个著名的幼儿绘画教育理论——"支架式教学"理论，它由美国教育学家布鲁纳等人根据维果斯基的最近发展区理论，将原本属于建筑行业的术语"支架"运用到教育领域而提出。支架式教学认为，在儿童的学习和发展中，教师的"教"是一种支持、协助和引导，就如建筑房屋时为建筑工人搭建的支架，可以成为儿童建构自己知识和能力大厦的有效平台；儿童的"学"则是他们在教师的支持、协助、引导下不断地、积极地建构自身的过程，就如建筑工人在支架的帮助下完成大厦的建构。

教育部制定的《指南》中也明确提出："幼儿艺术领域学习的关键在于充分创造条件和机会，在大自然和社会文化生活中萌发幼儿对美的感受和体验，丰富其想象力和创造力，引导幼儿学会用心灵去感受和发现美，用自己的方式去表现和创造美。"

幼儿的学习是以直接经验为基础，在游戏和日常生活中进行的。环境固然是幼儿教育活动中极为重要的教育资源，被称为幼儿园中的隐性课程，它由有形环境与无形环境两部分构成。有形环境指的是幼儿园的空间、设施、活动材料，幼儿同伴群体，幼儿教师集体等具有物质属性的客观存在，无形环境包括幼儿园的常规要求，教师的态度、管理方式和言行举止，幼儿园的重要合作伙伴——家庭，以及社区的教育资源。幼儿绘画教育要求教师充分利用创设的环境和环境的创设，引导幼儿与周围环境之间积极的相互作用，有效地促进幼儿的发展。

绘画形象来自对事物的整体和情感性把握的审美知觉，产生审美知觉的条件是主体对所感知的事物有一定程度的新鲜感和距离感。具体来说，绘画活动中的材料选择，要介于陌生与熟悉之间，既要根据幼儿的已有经验，能够反映创作主体的亲身体验，又要有一定的新鲜感，能够引起幼儿的关注，调动创作欲望。除了直接找寻这类材料，教师要打破"熟视无睹"的情形还可以通过将幼儿生活中反复出现的事物放到一个创设的新情境中，以此培育绘画创作的土壤。

2. 关注幼儿学习与发展的整体性

幼儿的发展是一个整体，片面追求某一方面或某几方面的发展固然无法促进幼儿身心全面协调发展，《纲要》中明确指出："各领域内容要有机联系，相互渗透，注重综合性。"因此，在绘画教育中要注重将绘画与艺术领域内的其他艺术表现形式相联系，与幼儿园教育中的其他各领域内容相整合。

幼儿园教育活动的整合，主要反映在活动的目标、内容、资源以及活动的方式、形式手段等各个方面。从绘画教育角度出发，整合的类型主要有两种：一种是以绘画活动作为主要内容，同时适当兼容其他学科或领域内容；另一种是在主题活动中，围绕主题的进程和需要，将绘画教育与其他艺术门类及学科领域不分主次地组织到一起，进行融合渗透。整合还要把握适度原则，成功的整合是在保持绘画教育与其他学科教育各自特点的基础之上进行适当地、自然地、有机地融合和相互渗透，也就是要防止盲目地把绘画教育与其他领域或学科进行简单相加，或者变成毫无学科特征的"大杂烩"。

3. 尊重幼儿发展的个体差异

幼儿的发展是一个持续的、渐进的过程，同时也表现出一定的阶段性特征，在绘画发展上大致依次经历涂鸦期、象征期与形象期。遗传为人提供了发展的可能性，而环境则决定了发展的现实性，所以虽然每个幼儿的绘画发展进程是相似的，但各自的发展速度和到达某一水平的时间又是不尽相同的。如图 3-19 中这个 2 岁儿童所画的人物比 6 岁儿童画的更为复杂，这幅 6 岁孩子画作中的人物造型尚处于蝌蚪人阶段（该例引自杨景芝《儿童绘画解析与教程》）。因此在幼儿绘画教育中，教师在支持和引导幼儿从原有水平向更高水平发展的过程中，既不能照本宣科拔苗助长，也不能后知后觉无所作为。要充分理解和尊重幼儿发展进程中的个体差异，依据实际情况，逐步萌发幼儿对美的感受与体验，让幼儿学会用心灵去感受和发现美，不断丰富想象力和创造力，按幼儿自身的水平和方式去表现和创造美。

图 3-19　2 岁儿童画作（左）和 6 岁儿童画作（右）

4. 重视幼儿的学习品质

幼儿在活动中表现出来的积极态度和良好行为倾向是终身学习与发展所必需的宝贵品质。在绘画教育中，忽视幼儿学习品质的培养，单纯追求绘画技能学习的做法是短视而有害的。教师一方面要充分尊重和保护幼儿在绘画活动中萌生的好奇心和学习兴趣，另一方面要通过绘画活动帮助幼儿逐步养成认真专注、耐心细致、勇于探究和尝试、乐于思考和想象、敢于表现和创造等良好学习品质。

💡 **思考题**

1. 请从认知、情感、动作技能三个角度对幼儿绘画教育的目标进行解析。

2. 幼儿绘画教育的具体内容包括哪几方面？请举例说明。

3. 请简要阐述幼儿绘画教育的基本要求。

第四章
幼儿园绘画教育

学习要求

通过本章学习，了解幼儿园绘画教育的特点，熟悉幼儿园绘画教育活动的途径及常见的教学方法，清楚幼儿绘画活动的组织与实施过程。

第一节　幼儿绘画教育的特点

绘画是人类感受美、表现美、创造美的重要形式，绘画活动在幼儿成长过程中举足轻重、不可或缺。幼儿接受绘画教育的途径日益丰富，主要载体有家庭、幼儿园和其他各类提供早期儿童绘画教育的社会机构，其中，家庭绘画教育和社会绘画教育是幼儿园绘画教育的延伸与补充。

《指南》指出："幼儿艺术领域学习的关键在于充分创造条件和机会，在大自然和社会文化生活中萌发幼儿对美的感受和体验，丰富其想象力和创造力，引导幼儿学会用心去感受和发现美，用自己的方式去表现和创造美。"幼儿园绘画教育的目的在于丰富幼儿的审美经验与体验，培养幼儿的审美表现力、想象力与创造力，建构幼儿的审美心理结构。

（一）幼儿园绘画教育是培养幼儿审美感受能力的教育

所谓审美感受能力，是指审美主体发现、感知、接受审美对象的美的能力。就幼儿园绘画教育活动而言，审美感受能力具体是指幼儿对绘画构成要素中美的感受，包括构图、色彩、线条、造型、材质、节奏、韵律等。马克思曾指出："只有音乐才能激起人的音乐感；对于没有音乐感的耳朵说来，最美的音乐也毫无意义。"

同理，绘画教育活动中的这种审美感受能力的获得，必须以一定的视觉感受能力为基础。法国著名雕塑家罗丹也曾说过："美是到处都有的。对于我们的眼睛来说，缺少的不是美，而是发现。"也就是说，审美感受能力的有无、强弱，直接关系到审美主体的美感体验并影响生命状态。审美感受能力的培养能让幼儿善于发现自然景物与日常生活中的美，而美感体验如同夏日里的一阵清风，冬日里的一抹暖阳，能够愉悦身心，利于幼儿健康成长。

（二）幼儿园绘画教育是培养幼儿审美表现能力的教育

绘画是幼儿天然的、喜爱的情感表达途径，他们经常把自己的情绪不自觉地投射到所画对象上，其中最典型的便是拟人化的表现。在幼儿的心中"万物有灵"，他们常把非生物与植物画得像人一样有眼睛有嘴巴，会给动物们画上漂亮的衣服，并赋予它们人类的本能。绘画活动为幼儿提供了一个情感沟通与交流的机会，他们能通过绘画尽情地、自由地表达自己的喜怒哀乐。教师在幼儿园绘画教育中应为幼儿创设轻松舒适的心理环境和充满童真童趣的审美环境，以此来调动幼儿的绘画表现欲，激发审美情感共鸣，让幼儿乐于用自己喜欢的材料、颜色、线条、形状表达真实的自我，抒发内心的情感，并感受用绘画与同伴交流的喜悦，从而获得心理上的满足，促进幼儿审美表现能力的发展。

（三）幼儿园绘画教育是培养幼儿审美想象能力和创造能力的教育

想象力是指人脑对已有形象进行加工改造，创造出新形象的能力。爱因斯坦曾经说过："想象力比知识更重要，因为知识是有限的，而想象力概括着世界上的一切，推动着进步，并且是知识进化的源泉。"审美创造力是指审美主体在感知美、理解美的基础上，按照美的规律创造美的事物的能力。幼儿具有想象力，他们在运用线条、形状、色彩这些抽象的绘画元素对所感知到的事物进行表现时，就是一个对头脑中已有的表象进行新的加工组合，创造新形象的过程。幼儿具有创造力，在绘画活动中，他们能够将过去的经验通过绘画工具与材料表现出来，作品面貌与众不同，对其个体来说又有别于以往经验，是新颖的、有价值的。幼儿审美想象力和创造力共生共育于幼儿园绘画活动中，是绘画活动得以顺利开展的重要能力，同时，幼儿的审美想象力和创造力会在长期的、适宜的幼儿园绘画教育活动中不断丰富与发展。

第二节　幼儿园绘画教育的途径

幼儿园教育内容寓于一日生活之中，渗透在显性课程与隐性课程之间，绘画教育自然也不例外。绘画创作是幼儿园绘画教育活动的显性部分，主要有绘画课堂、绘画角区与环境创设三种途径。

（一）绘画课堂

绘画课堂的组织形式以集体绘画活动最为常见，具体是指教师根据施教幼儿群体的身心发展特点和绘画发展水平，确定适宜的活动目标，选择相应的活动内容与工具材料，设计活动过程并假设可能会出现的状况与应对措施，继而带领幼儿群体在组织与计划中进行的绘画活动。虽然集体绘画活动的组织与计划性较强，但依然要严格遵循以幼儿为主体、教师为引导的活动准则，灵活运用活动设计，变通应对活动过程，广博接纳活动结果。集体绘画活动的组织形式又可分为集体同步绘画活动、集体分组绘画活动和集体个别绘画活动三种。集体同步绘画活动是指教师组织同一幼儿群体运用相同的绘画工具材料，同时同地朝着同一个主题内容而进行的各自独立的绘画创作活动。集体分组绘画活动是指教师将幼儿群体进行分组，各组为完成一个共同的主题既分工又凝聚的绘画合作活动。集体个别绘画活动是指教师引导幼儿群体选择各自喜欢的主题内容与绘画工具材料，同时同地完成不同内容的绘画创作活动。

（二）绘画角区

绘画角区是一个供少量幼儿自由创作的活动区域。教师的主要功能之一是创设条件，将幼儿感兴趣的绘画工具与材料投放于此，供幼儿自由选择，主动地通过绘画创作表达自己的思想感情、生活体验；功能之二是在活动过程中及时观察、记录幼儿在轻松自由氛围里的最真实表现，并作出有针对性的引导和支持。

（三）环境创设

幼儿绘画教育活动中的环境创设，具体是指幼儿园物质环境的创设，即教师引导幼儿成为环境创设的主人，把环境创设的实施过程交由幼儿参与完成，包括在墙面、地面等平面上进行绘画创作以及张贴幼儿绘画作品等方式。绘画教育活动通过环境创设的形式展开，符合《纲要》中指出的"环境是重要的教育资源，应通过环境的创设和利用，有效地促进幼儿的发展"这一理念。

幼儿园绘画教育活动的隐性部分主要是指幼儿园的美术环境、寓于其他学科或领域中的绘画知识以及对美的感知体验。

感知体验分为专业体验与生活体验两方面内容。专业体验是指通过观察、欣赏多种多样的艺术形式和作品，有针对性地汲取绘画创作发展所需专业知识的那类体验，主要包括绘画材料与工具、绘画表现方式与技法的相关知识。生活体验是指通过观察、感受生活与大自然中美的事物，获得美感体验，这种活动形式符合《纲要》提出的寓教育于生活之中的要求，它在绘画愿望的产生、绘画内容的选择以及绘画创作过程的持续等方面能够起到潜移默化的推动作用。在体验活动中除了强调与绘画表现有直接联系的观看外，幼儿其余多种感官的参与也不容忽视，这些感官会为幼儿获得更丰富、更全面、更深刻的感受与体验提供帮助。

第三节　幼儿绘画教学方法

幼儿绘画教育将作为活动主体的幼儿的学与活动客体教师的教合二为一，恰当地选择和使用教与学的方法，能够有力地调动幼儿的创作兴趣，导向良好的活动效果，下面介绍几种常用的方法。

（一）感受法

所有的艺术体验都是通过我们的感官感知到的，教师要引导幼儿通过绘画表现自己感受过的事物。我国最早系统研究儿童绘画的美术教育家杨景芝教授说过："一般儿童画画是画记忆中的心象，所以表现物体形象比较简单、概念化。如果引导儿童学会观察，再依靠直觉进行写生，那么他在空间的认识和表达能力上就会迅速提高。"这里提到的观察、直觉，都指向绘画创作中不容忽视的感受力，因此在幼儿绘画活动中要加强对创作主体感受能力的发展与培养。感受法就是一种鼓励幼儿增强感受力的方法，具体指教师组织幼儿有意识、有目的地通过观看、聆听、品尝、触摸等方式认识事物的形状、结构、颜色、声音、味道、质地等基本特征，并在此基础上用语言引导幼儿进行思考和比较，更深层次地发掘、认识事物，最后内化为自己对周围世界的认知和情绪态度。

用于绘画教学最为常见的是感受法中的观察法，即对事物视觉特征的捕捉，具体包括直接观察与间接观察两种形式。直接观察是指幼儿与被观察对象直接接触进行的观察，比如教师组织幼儿观察幼儿园中的花草树木，发掘比较花朵的不同色彩、树叶的不同形状等；间接观察则是指那些因条件限制幼儿需要通过借助媒介来实现的观察，比如观看图画、照片、视频、模型等。在观察的同时，教师应尽可能地引导幼儿调动多种感觉器官参与其中，更全面更具体地了解事物，比如运用嗅觉闻一闻、运用触觉摸一摸、运用听觉听一听、运用味觉尝一尝……只要能够鼓励幼儿积极地运用他们自己的眼睛、耳朵、鼻子、手指和整个身体去感受外部世界，都会丰富他们的体验并有益于绘画创作。

案例

中班水粉画《橙子的新朋友》

设计意图：

水果虽是中班幼儿熟悉的事物，应该说每个幼儿都会有吃水果的经历，但幼儿在吃水果的时候更多关注于水果的味道，却未必有认真了解过水果的形状、颜色、质感等其他方面的特征，本活动希望通过调动幼儿的视觉、嗅觉、触觉来让幼儿充分认识和了解水果的多方面特征，并结合以往吃水果的味觉经验，感受大自然赋予水果的美。引导幼儿将自己对各种水果的完整认识以水粉画的形式表现于纸上，提高幼儿使用水粉颜料进行绘画创作的兴趣和能力，激发幼儿对美的追求。

活动目标：

1. 知道从形、色、味、质的角度感知水果的特点；

2. 能够根据自己的喜好运用水粉颜料特征鲜明地表现多种水果；

3. 多角度充分感受大自然赋予水果的美。

活动准备：

1. 经验准备：幼儿对常见水果的基本特征有一定了解，有过使用水粉作画的经验。

2. 物质准备：水粉画工具材料、纸箱、多种新鲜水果。

活动过程：

1. 游戏导入，激发兴趣。

师：老师今天带来了一个神秘的箱子，你们想不想知道里面有什么呢？请几个小朋友上来摸一摸，猜猜看。

2. 观察讨论，充分感知。

师：今天老师带来的这些水果，我们一起看一看它们是什么形状的、什么颜色的。

师：请小朋友来比一比，谁大谁小？

摸一摸，它们的表面是什么感觉的，光滑的还是粗糙的？

闻一闻，是什么味道的，香不香？

滚一滚，哪些能滚动，哪些不能？

师：那么你们还知道哪些水果呢？它们是什么样的？喜欢这些水果吗？为什么？

3. 设置情境，导向创作。

师：橙子含有丰富的维生素C，酸甜可口，还能预防感冒，老师很喜欢橙子。有没有小朋友和我一样喜欢橙子的，愿意上来帮忙画一画吗？

师：这个圆溜溜、黄澄澄的可爱橙子想要看看外面的世界，结识橙子家族以外的新朋友，让我们帮帮它，介绍些形状、颜色，或是气味、表面质感不一样的水果和它交朋友，你们觉得可以是哪些呢？

师：有的小朋友想到了红红的苹果、弯弯的香蕉、毛茸茸的猕猴桃，还有浑身带刺、闻着臭吃着香的榴莲。

4. 明确要求，巡回指导。

师：接下来请大家都来动动小手，用水粉来画一画你想要介绍给橙子认识的新朋友吧。多画几种，使画面看起来满一些，注意要画出它们的特点。

5. 欣赏与分享。

师：有没有小朋友愿意和大家来介绍一下你的画呢？它们分别是哪些水果？它们有什么不同之处？这里面有你喜欢的水果吗？

师：每种水果有各自不同的营养，吃多种水果才能让我们变得更健康、更美丽，所以小朋友吃水果也不能挑食偏食哦！

6. 和老师一起收拾画材。

活动延伸：

可以将小朋友对水果的全面感知沿用到手工活动中，如用超轻黏土制作各种形状、各种颜色、各种质感的水果，并可作为娃娃家的道具开展角色扮演活动。

活动建议：

1. 活动中老师准备的几种水果只作引子，其用意是引导幼儿学会多角度感受事物，获得全面认知；

2. 即便是同一种水果，其形、色、味在不同人眼中也各不相同，教师要引导幼儿表现自己真切感受到的水果特征，求同存异；

3. 要鼓励中班幼儿在绘画中调动经验，拓展思维，自由想象与创造；

4. 在演示环节应该强调的是将活动之初对水果的全面感受，通过线条、形状与色彩转化为视觉语言这一方法，以及使用水粉材料作画的注意点，而不是某种水果的具体画法；

5. 引导幼儿学会协作与分享。

（二）演示法

演示法是指教师将绘画过程中不易单纯通过语言传授给幼儿的那部分知识，借助具体操作直观展现出来，帮助幼儿更好理解活动内容的教学方法。演示主体众多，除熟知的教师演示外，也可以请幼儿演示，或是采用播放视频的方式将职业艺术家的创作过程作为演示。演示与范画既有联系又有区别，演示是动态的活动过程，范画是静态的活动结果，范画是演示的产物。由于学前儿童喜欢模仿，且思维尚处于前运算阶段，具有直觉形象的特点，还没有形成真正意义上的抽象概念，所以往往从演示及临摹中学到的是具体的步骤与图像，而不是知其所以然，这样极有可能严重阻碍儿童自主探寻并创造表现对象的结构等同物的过程。《3—6岁儿童学习与发展指南》中明确指出，幼儿绘画时，不宜提供范画，特别不应要求幼儿完全按照范画来画。所以在学前儿童绘画教育活动中，演示法的运用要特别慎重，要格外注意把握尺度，点到即止，不能因演示禁锢幼儿的思维，导向抛弃个人经验与感受、不动脑思考的千篇一律的僵化模仿。建议多采用局部演示法，一边讨论、问答、讲解，一边进行重难点的局部演示；以讲为主、演示为辅，始终要以幼儿为主体、教师为主导；或是讲解结合部分演示。如若必须进行完整演示，那么须在演示结束后迅速撤销演示内容，以免幼儿照搬照抄；另外也可能是活动内容设置的难度过高，脱离施教幼儿现有水平，可以据此在活动设计上做出适当调整。

案例

小班油画棒画《小苹果的合影》

设计意图：

　　苹果是幼儿熟悉的事物，其造型简单、色彩鲜艳、口感较好，受幼儿欢迎。本活动希望通过运用油画棒描绘苹果，引导小班幼儿认识圆形，掌握圆形的画法，认识红、黄、绿三种颜色，掌握使用油画棒涂色的绘画基本表现技能，培养幼儿参与绘画活动的兴趣，帮助幼儿形成良好的绘画活动习惯。

活动目标：

　　1. 了解苹果的基本结构，区分共性与个性；

　　2. 能用油画棒画出大小不一的圆形并进行平涂；

　　3. 体验帮助苹果们画合影的乐趣。

活动准备：

　　1. 经验准备：幼儿熟悉苹果，有使用油画棒作画的经验。

　　2. 物质准备：红、黄、绿且大小不一的苹果各一个，油画棒画工具与材料，《小苹果》音乐、圆形图片、合影一张。

活动过程：

　　1. 音乐导入，激发兴趣。

　　师：小朋友们竖起耳朵听。（老师播放流行歌曲《小苹果》。）

　　师：让我们一起随音乐拍拍小手吧。（伴随音乐节奏和小朋友们一起拍手。）

　　2. 出示实物，观察分析。

　　师：音乐播完了，你们知道这是哪首歌吗？

　　师：对，就是《小苹果》，你们真棒！（一边对幼儿的回答加以肯定，一边拿出事先准备好的三个苹果。）

　　师：小苹果们听到大家的召唤来这做客啦！我们先来认识一下小客人吧。它们是什么形状的，由哪几部分组成？它们长得一模一样吗？哪里不同呢？你们觉得它们的味道是一样的吗？（这个环节，请幼儿看一看、摸一摸、闻一闻，全面感知描绘对象。）

　　师：苹果们是带着愿望来的，它们一直希望能有张合影，今天就让我们用画的方式帮它们实现这个愿望，好吗？

3. 讲解演示，导向创作。

师：有没有小朋友拍过合影？和谁拍的？你在哪个位置？

师：请小朋友告诉老师画这三个苹果会用到哪几种颜色呢？我们一起找出这些颜色的油画棒吧。

师：油画棒找到了，我们要先把苹果的外轮廓画下来，再在里面涂颜色。苹果的外轮廓可以用你们观察到的圆形来表示。小朋友们开动小脑筋想一想，你会用什么办法画出圆形？请想到的小朋友上来画一画。

教师小结：如果是画一个小圆，那么我们可以一笔从头到尾慢慢绕圈，最后连到一起；但是如果是画一个大圆，一笔不容易画完整，我们可以分段画弧线。比如先画左半圆，另起一笔再画右半圆；或者先画上半圆，另起一笔再画下半圆。

师：最后还需要给它们涂上颜色，小苹果希望自己的合影能好看些，所以我们涂色的时候尽量少出边、少留空隙。有没有小朋友想到好办法，可以使涂色变好看的？

教师小结：先顺着轮廓边缘仔细涂，涂得密一些，再朝同一方向涂。（不作完整示范，仅示范涂色用笔。）

4. 幼儿练习，教师观察、指导。

师：请小朋友先想好你准备把小苹果们安排在画纸的哪个位置，然后在纸上用圆形线画下三个苹果的样子，注意要画出它们相互不一样的地方，再在里面涂色，要涂得仔细些，苹果们可不希望自己身上出现难看的白斑呢。

5. 欣赏与分享。

师：有没有小朋友愿意和大家分享你画的合影呢？介绍一下你的画面。

师：你们的巧手帮小苹果实现了愿望，小苹果要对你们说声"谢谢！"你们会怎么回答呢？

6. 协助老师整理画材。

活动延伸：

从这三个苹果的关系入手，引导小朋友想象它们为什么非常想要一张合影？它们是家人、朋友、邻居还是同学？它们经历了什么？可能发生了哪些有趣的事？……从而开展讲故事的活动。

活动建议：

1. 基于小班幼儿绘画经验不足，手指、手腕的灵活度低，手、眼、脑协调性差等特点，在画形上，不以圆形是否规则为评判标准，掌握画法且能区分大小即可；在涂色上，也不以涂得是否均匀为要求，会沿轮廓变换方向灵活涂色即可。

2. 教师示范过程多做空书加言语提示，给幼儿自主探索留有余地。

3. 本次活动不涉及构图方面的指导，但可以在欣赏与分享环节，请幼儿说说对三个苹果的位置安排是无意的还是有某种特定的意图。

（三）游戏法

游戏法是指以游戏的形式开展幼儿绘画教育活动的方法。涂涂画画虽然是幼儿与生俱来的能力，但是他们对绘画的喜好程度又是因人而异的。有的幼儿特别喜欢绘画，视其为言语之外的主要表达方式，一有空就会主动画画；也有的表现为一般喜欢，在具体的绘画过程中不乏快乐体验，但并不会主动去画；还有的只对某些特定的绘画材料、类型或题材感兴趣……但是幼儿对待游戏的态度却是高度一致的，陈鹤琴先生在阐述儿童心理特征中就曾提到："小孩子是生来好动的，以游戏为生命……多游戏，多快乐。"因此教师要注意在幼儿绘画教育中增强活动的趣味性，将绘画知识与技能的传授寓于游戏活动中开展教学。这样做既能满足幼儿玩乐的心理需求，引导幼儿积极参与、主动探索，在轻松愉快的活动过程中忘我投入、大胆表现、流露个性，将绘画教学内容自然吸收，从而克服学习被动、注意力分散、犹豫不决、表达拘谨等幼儿绘画教学中的常见问题，同时加深教师对幼儿的了解与认识，符合《纲要》提出的寓教育于游戏的要求。

（四）综合法

综合法是将绘画与其他艺术形式、其他学习领域或现实生活有机联系，相互渗透的一种方法。以中班绘画活动《有趣的脸谱》为例，幼儿先通过欣赏歌曲《说唱脸谱》，了解脸谱的色彩运用与人物性格之间的关系；再通过欣赏脸谱图片，熟悉脸谱的图案，掌握对称美的特点；最后运用绘画工具装饰空白脸谱。该活动将音乐、美术欣赏与绘画相融合，是艺术领域内部的综合。再比如大班绘画活动《运动的人》，幼儿先回忆各种运动中的人物动态，接着进行模仿、观察，再画一画动态的人，并通过教师的引导认识到热爱运动有益健康。这个活动便是将健康领域知识结合进绘画活动中。

综合法有助于培养幼儿全面地看问题，自主探索事物间的联系并建立整体意识的思维习惯，既符合《纲要》提出的教育活动内容的组织要注重综合性的要求，又是当今教育发展新特点综合性学习在绘画教育中的体现。综合法运用广泛，既可以体现在活动目标的设定上，也可以贯穿于活动的各个环节。比如小班油画棒画《青团》的认知目标"幼儿了解清明节吃青团的习俗"与中班水粉画《丰收》的情感目标"幼儿树立合作意识，体验与同伴合作完成绘画创作的乐趣"，它们均涉及了社会领域的内容。运用在活动过程中的综合法也有许多，比如中班水彩笔画《我妈妈》通过儿歌《我的好妈妈》导入主题，大班油画棒画《小蝌蚪找妈妈》将儿童故事贯穿于活动始终，小班水粉印画《兔子的新衣》在结束环节引导幼儿伴着音乐跳兔子舞。

除此之外，幼儿绘画教学中常见的还有讲授法、讨论法、练习法等，这些幼儿绘画教育方法在活动开展中是相互交织渗透的，只是侧重点不同，并非截然分割。

第四节　幼儿绘画教育活动的组织与实施

（一）幼儿绘画教育活动的组织

幼儿绘画教育活动，是教师有目的、有计划地选择最适宜的途径与方法，制定切实可行的活动方案并灵活运用，引导幼儿生动、活泼、主动活动的教育过程。活动的组织与实施是教师创造性地开展工作的过程，组织环节一般包括以下几个重要组成部分。

1. 目标设定

幼儿绘画教育活动的目标设定应在《幼儿园工作规程》以及《纲要》和《指南》中提出的艺术领域目标的指导下，结合现实物质条件以及活动主体的身心发展水平、绘画经验和需要等实际情况而做出。目标设定要涵盖认知、情感、技能三个维度，具体可操作，并且角度统一。角度统一指的是三个维度的目标要么都站在教师的角度，以教师为主语；要么都站在幼儿的角度，以幼儿为主语。在以幼儿为活动主体理念引领的当下，目标的设定多采用从幼儿角度出发的表述，并省略主语。例如中班绘画活动《有趣的手影》的认知目标是知道手影形成的原因，感知手影造型变化的趣与美；技能目标是尝试用勾线笔大胆画出自己喜爱的手影造型，并给它们涂上丰富的颜色；情感目标是体验手影变化的乐趣。

2. 内容选择

幼儿绘画教育活动集艺术性、教育性、娱乐性于一体，在活动内容的选择上既要遵照《纲要》中对艺术领域的内容要求，又要遵循教育学科的规律与幼儿群体的特点，着眼于幼儿的现实需要，放眼于幼儿的长远发展。选择那些既是幼儿身边熟悉的、感兴趣的，又有助于丰富幼儿经验和拓宽视野的事物；在适合幼儿现有绘画水平的基础上设置一定的难度，助其提高绘画表现能力。

3. 内容组织

幼儿绘画教育活动的内容组织应充分考虑幼儿的学习特点和认知规律，既要注重各领域内容的相互渗透，在提高绘画技能的同时促进幼儿情感、态度、行为习惯等多方面的发展，又要注重活动的游戏性和趣味性，根据时间、地点、内容、材料合理安排，灵活运用教学方法，寓教于乐。

4. 环境创设

《纲要》明确指出："环境是重要的教育资源，应通过环境的创设和利用，有效地促进幼儿的发展。"学前儿童绘画教育活动组织中的环境创设指的是教师为活动的顺利开展准备的，有利于引发、支持幼儿进行绘画探索的空间、设施、活动材料和常规要求等。

（二）幼儿绘画创作活动的实施

从幼儿作为绘画教育活动的主体的角度来看，活动的实施过程包括幼儿在教师引导下进入活动的开始部分，幼儿成为创作主体的基本部分，和幼儿完成活动任务的结束部分。

开始部分是教师对活动干预度最高的部分，由导入主题、讲解、必要时加以演示几方面构成导向创作。常言道，"好的开始是成功的一半"，这话在教学活动中同样适用。如何在最短的时间内调动起幼儿思维的积极性，激发幼儿参与绘画活动的兴趣和愿望是非常关键的。教师应迎合幼儿爱好"玩""乐"的天性和需求，采用游戏的口吻，或是听音乐、唱儿歌、猜谜语、角色扮演等多种生动活泼的方式，将幼儿的注意力自然而然地集中到将要开始的活动中，并迅速导入绘画活动的课题，引发参与热情。讲解既为幼儿更好地理解活动内容与要求服务，又为提高幼儿参与活动的兴趣，顺利进入创作环节铺路。教师可以采用观察感受、回忆经验、联想想象等方法引导幼儿进行思考，充分调动主观能动性。至于是否在导向创作前进行演示、演示多少内容，都应根据活动内容与要求及施教幼儿的学情特点而定。

基本部分是幼儿进行绘画创作的环节，也是整个活动的主体部分。在这个环节，教师首先要负责营造一种有助于幼儿全身心投入绘画创作的轻松氛围，保持一定距离的陪伴，不要给幼儿带去被监督的压抑感，并且要让他们感受到被肯定和支持，可以毫无顾虑地大胆表现。另外，教师也可以借助媒介渲染气氛，比如播放美妙的音乐，或是带领幼儿在大自然中闻花香伴鸟鸣进行创作等。其次，教师要用心观察。幼儿的内心活动有的会外化为行动或语言，有的则不明显或不外显，教师只有用心观察幼儿的行为举止及其画面的发展变化，才能迅速发现问题，及时回应适当的教育策略。最后，教师要学会等待。当幼儿在创作过程中出现困难时，要留下充足的时间和空间给幼儿自主摸索，最终还是难以克服或是察觉到幼儿有焦虑情绪、迫切希望得到教师帮助时，再给予积极回应和引导式的帮助。

结束部分是幼儿在教师的组织下对完成的绘画创作进行赏析与分享的环节。在这个环节，幼儿对自己的绘画是否完成不一定都有清晰的认识，教师要根据活动的内容要求和幼儿绘画创作的进展情况来掌握活动结束的时间。教师和幼儿一起在赏析与分享中进行总结与评价，对教师来说，要鼓励幼儿多看、多交流，用语言对自己的作品进行介绍、解释或补充，要遵循幼儿喜欢成功与被称赞的心理特征，多对具体内容作鼓励和肯定评价，适当提出符合幼儿已有经验与发展特点的改进建议；对幼儿来说，赏析与分享既能增强作品欣赏能力和言语表达能力，增进与老师、同伴间的交流与情感，又能拓宽思路，丰富风格与方法，进一步认同或反思自己的作品。

💡 **思考题**

1. 幼儿绘画教育有哪些途径？主要途径是什么？

2. 幼儿园绘画教育有哪些特点？

3. 举例说明幼儿绘画教学中的常见方法。

4. 阐述幼儿绘画活动的组织与实施过程。

第五章
幼儿绘画活动的具体指导

学习要求

通过本章学习，进一步了解幼儿绘画的年段特点，熟悉常见情况的处理方法，掌握各年段幼儿绘画活动的指导要点。

第一节　小班幼儿绘画活动指导

（一）小班幼儿的绘画特点

小班幼儿的年龄大约三四岁，在绘画上正经历从涂鸦末期经象征期进入形象萌芽期的大转化阶段，加之幼儿间的发展快慢存在相对差异，所以无论是着眼于幼儿个体的前后发展时间线，还是幼儿群体的同期发展时间点，他们在绘画过程中的表现都是丰富多样的，大致会呈现以下特点。

在绘画构思上，由无构思意识，仅通过涂鸦体验自我表现的乐趣，逐步发展为有构思意识但构思过程极不稳定。具体表现为在绘画过程中结合此阶段开始形成和发展的无意想象再构思，或是在绘画过程中随意改变构思，有构思的绘画出现后穿插涂鸦，局部构思，易受他人影响等。如若在成人指导下经多次绘画练习，不少幼儿便能够在绘画之前做简单构思，并在绘画过程中不改变原想法、相对稳定构思，构思过程不稳定的现象会大大减少。

在绘画内容上，从直觉行动思维支配下的无意涂鸦，在纸上随意涂画留下痕迹，过渡到具体形象思维支配下有意识地用自己在涂鸦中所掌握的极简单的图形和线条将事物的特征表现出来，画之有物，但形象的识别度很低。

在绘画水平上，一来由于对外界事物充满好奇，喜欢观察和探索，但观察顺序紊乱，只能察觉事物的粗略轮廓或自己感兴趣的部分，很难做到全面细致的了解，探索中的画面质量极不稳定，时满时空，会有类似退步的迹象或是在同一幅画面中将不同物象表现得繁简程度差距悬殊；再者由于手部发育未成熟，动作灵活性和准确性不高，对画笔运用熟练程度低，图画大多歪歪扭扭。

在绘画构图上，极少部分幼儿对形象停留在不作空间安排、画面没有上下之别的凌乱式构图阶段，较多幼儿开始采用形象相互垂直平行、有统一上下方位的平行式构图。

在绘画设色上，处于探索和认识基本色彩的阶段。绝大部分幼儿能够分辨红、橙、黄、绿、蓝、紫几种基本色，虽然喜欢摆弄画笔用颜色涂抹，但还不能同时兼顾形象的外形与颜色，用色会比较单调。涂色用笔杂乱无序、极不均匀，经常涂出轮廓线，所使用的色彩也与再现事物固有色和表达主观情感无关。

（二）小班幼儿绘画活动的指导要点

这是一个多变、质变的阶段，教师应密切关注幼儿的发展进程，及时做出活动方式与内容的调整，并能根据幼儿绘画发展规律与特点提前为其转化创造条件，做好准备，并适时导入新的阶段。

首先，培养幼儿参与绘画活动的兴趣。"玩""乐"是幼儿的天性，为幼儿所需要，在入园初始的小班幼儿的绘画活动中表现为涂鸦，这个时候教师首先应该满足幼儿的这种需求，为涂鸦创造条件。比如给幼儿提供较大较厚的纸张，色彩浓郁、能画出粗线条的彩色笔或油画棒，尽可能地鼓励他们无拘束地大胆涂抹。自由绘画是幼儿的另一种语言和表达途径，有宣泄不良情绪，减轻压抑和挫折感，维持心理平衡，进而促进心理健康的作用。教师也可以通过将幼儿带入到自己创设的趣味性情境中，让他们在涂鸦的同时享受情境带来的乐趣和美感。例如：用生动的语言或背景音乐创设情境，"起风了，呼呼呼；下小雨了，滴滴答答；下大雨了，哗啦啦哗啦啦；雨停了，彩虹出来嘞"，引导幼儿感受这个美丽的雨后环境，用各种线条尽情涂鸦。

其次，保护和鼓励幼儿有意识地表现的信心。观察儿童涂鸦的成人在儿童早期绘画意义的发展中具有重要作用，成人常常会提问儿童画中的形象代表什么，在儿童自觉的图像思维产生之前，这种提问会使儿童意识到他人希望自己的画能代表一些事物，或者说涂鸦的图形看上去像某些事物，推动儿童把思想和绘画活动联系在一起。另外一种情况是，随着幼儿的动作协调性逐步发展，开始尝试用自己在涂鸦中所掌握的极简单的图形和线条将事物的特征表现出来，出现一边涂鸦一边讲故事的情况。虽然这个时候离开创作者的注释与说明，他人还是很难凭作品本身确定它所要表现的对象，但这表明个体从动作思维到图像思维的转变，这种转变具有决定性的意义，自此以后该个体的大部分思维都会涉及图像。因此教师应该引起重视并为此感到高兴，认真聆听幼儿的讲述以表示肯定与理解，还可以用提问的方式鼓励幼儿沿着自己的思路继续思考，拓宽心理图像。例如当幼儿告诉你"这是我的小猫，它正在睡觉"，你可以接着他的话提问"你的小猫是睡在自己的窝里吗？它盖了被子吗？"这类问题，让幼儿知道自己思考的方向是正确的，鼓励幼儿有意识地表现。在这个阶段，要组织幼儿使用各种各样的工具与材料，引导幼儿在看看、听听、玩玩中探索和掌握它们的用途用法，不同工具材料产生的线条、形状、色彩又能更好服务于幼儿有意识地绘画表现。

最后，帮助幼儿养成良好的绘画活动习惯。在活动过程中，使幼儿掌握正确的绘画姿势与良好的绘画常规；在活动结束后，请幼儿和老师一起整理绘画工具与材料，从小树立互助协作与独立自主的意识。

（三）小班幼儿绘画的几种情况

1. 幼儿的涂鸦动作急促且不连续

当幼儿沉浸于涂鸦时，是无暇顾及四周的，也不会无故中断自己的动作。如果幼儿常常中断自己的涂鸦行为，这是缺乏自信和专注力的表现，导致这种情况的产生有内外因两种可能。如果幼儿缺乏灵活性且无法自如地参与新动作，内心压抑或缺乏调节能力，那么他会转而机械地重复那些急促而不连续的动作。教师可以通过"来，让我们在纸上坐过山车"或"让我们在纸上滑雪吧"此类趣味性情境的创设帮其在不知不觉中画出流畅大胆的线条，建立自信。或者，当外界脱离幼儿现有绘画水平，要求其进行写实性描绘或按照示范作画时，他们萌生了模仿的念头，想把所见呈现出来，但又苦于缺乏模仿的能力，就会采用替代的方式，对大幅度、连续性的动作失去信心，转而采取一些急促、不连续、不自信的小动作。所以教师一定要遵循幼儿身心特点与绘画发展规律，不能拔苗助长。

2. 幼儿的涂鸦总是很小

幼儿的涂鸦动作幅度有大有小，用笔有的大胆肯定，有的犹豫琐碎，皆因人而异。鼓励幼儿随心所欲地涂画，但不必强求一定都要在大纸上做大幅度的动作，否则会给那些偏好小尺寸纸张的幼儿带去不安全感。给幼儿一张大纸，但其仅用纸张的一角或很小一块区域涂鸦，可能是习惯了小幅度的动作，突然面对一张大纸无法很快调整自己，也可能是观察太过局部，只看到了纸的这一小部分而忽视了纸的整体。纸张的尺寸会影响幼儿的动作幅度，反之亦然，上述两种情况都能通过给幼儿提供大小不同的纸张，帮助提高他们的灵活性。但是，无论纸张的大小如何，幼儿的涂鸦总是很小、退缩在角落里，那就需要提升幼儿的安全感了。教师给幼儿提供更多的关注、关爱，特别是独立行动的自由，将会很快缓解这种状况。

3. 幼儿的涂鸦布满整个画面

通常，幼儿的涂鸦布满整张画面的结果伴随两种不同的涂鸦过程，需要细心观察将其区分。一种是幼儿开始涂鸦后，如果不加干涉就会一直涂下去，直到涂满整张画面。此类单调行为的一个特点就是某种程度的坚持，也就是说会这样做的幼儿无疑具备了这种坚持。另一种是幼儿以大幅度动作开始涂鸦，过程中会有意地停下来审视画面，发现自己的动作不均衡，于是会移向纸上空白的地方继续涂鸦。这类幼儿无意识中已经在追求合理的构图了，感受到了动作与画面的关系，较之前者更有创造力。

第二节　中班幼儿绘画活动指导

（一）中班幼儿的绘画特点

中班幼儿的年龄大约四五岁，通常在这个年龄段，幼儿有意识地在图像思维与绘画之间建立他们力所能及的可靠关系，逐步能够稳定地、有明确意图地进行绘画表现，这是一个以量变为主的形象发展的时期。

在构思上，稳定性进一步增强，能够做到在整个绘画过程中较少受他人及环境影响，有始有终地将画画完。

在造型上，有意识地用所掌握的线条和图形表现自己的经验与愿望。随着观察力的不断发展，对外界事物的体验不断增加；想象力迅猛发展，再造想象开始萌芽；手部发育的不断成熟，对绘画工具的使用更加自如，这些使得幼儿能够用掌握的简单形状表现的事物越来越多，并将其表现得越来越丰富深入，使绘画形象变得越来越有识别度。

在构图上，强调地平线，要么将画纸底部边缘作为地平线，要么在纸上画一根地平线，将所有生活中地面上的物体都沿这个纸边或画出的地平线排成一队。如若画中内容较多，同时出现天上、水中的物体，那么他们也会将这些空间的物体排成一排，相应地画在纸的上部或低于画出的地平线的位置，终能简单整齐地安排画面。

在设色上，对色彩细微差别的区分能力逐步发展，渐渐能够区分颜色的深浅和色调倾向。由于对画笔运用熟练程度的提高和对色彩兴趣的增长，幼儿会主动选择自己偏爱的那些颜色给形象小面积地涂色，所使用的颜色依然与再现事物固有色关系不大，还会因为画面中出现了某一种自己喜爱的色彩而产生对整幅画的好感。

（二）中班幼儿绘画活动的指导要点

这是一个美术形象发展的关键期，教师要特别注意让幼儿接触多种多样的事物，引导幼儿在感知物体整体轮廓的基础上学会概括基本结构和主要特征，增加细节表现。

首先，帮助幼儿提高对外界事物的敏感度，积累绘画素材。幼儿在绘画中表现出来的往往是在感知过程中给他们留下了深刻印象的事物。这就需要引导幼儿调动多感官参与体验，感知多种多样的事物，习得经验。感知越充分，获得的细节信息也就越多。看一看、闻一闻、听一听、尝一尝、触一触、动一动这类行为刚好符合幼儿好奇、好动、好探究的特点，又能加强体验效果，加深体验印象，为绘画表现提供更加具体全面的经验准备。例如，幼儿初画人时常常忽略躯干，直接将腿连到头部，要想引导幼儿对躯干加以表现，不应直接告诉他们该怎么画，那只是成人的经验而非他们的，即使通过提醒，这次画全了，也是呆板无生气的拼凑，且下次仍容易忘记，所以教师要做的是创造条件，让幼儿通过亲身体验提高对躯干的敏感度。比如可以在绘画之前先进行照镜子或幼儿间面对面耸肩、扭腰、旋转身体活动，观察躯干动态变化；手捧腹部做深呼吸，感受肚皮伸展收缩等简单的游戏环节，让幼儿感知躯干的存在，那么在紧接着的绘画活动中，幼儿自然而然就会对躯干引起重视，加以表现。在引导下加上的部分也容易被幼儿再次忽视，这是正常现象，这意味着此时的幼儿与这部分还没成为永久意义上的关系，还无法用好它，但随着感受到的次数增加，这部分最终会与幼儿形成永固联系的。幼儿对事物的敏感度越高，感知经验就越充分全面，也为绘画形象的具体深入做好了心理再现的必要准备。

其次，引导幼儿概括物象主要特征，培养表现细节的能力。在本书第二章中，我们提到过格罗姆的口述绘画实验，他通过明确的作画要求以及对绘画对象的细致描述，能够引导尚处在涂鸦期的幼儿画出表征性的人物，说明绘画活动中引导策略的重要性。教师引导幼儿将亲身体验获得的丰富感知经验逐一梳理呈现，表现为具体的视觉形象的同时需要艺术的再现能力，应遵循先易后难、循序渐进的基本原则。应引导幼儿先对比简单事物间的异同，启发他们通过观察比较，分析概括出所画物象主要特征，在前一阶段掌握的简单线条、图形、色彩以及绘画工具与材料的使用技能的基础上，找到合适的结构等同物。例如，在画水果的活动中，可以先引导幼儿通过观察比较不同水果间形状、大小、颜色的异同，概括形体特征，然后寻找能表现外形特征的结构等同物——相应的图形，对水果加以表现。这类简单的绘画活动开展一段时间后，在幼儿概括事物主要特征的能力有所发展，对线条、形状、色彩进一步积累，对结构等同物的找寻相对熟练的前提下，可以适当提高难度，进入区分复杂事物的各组成部分、对细节加以表现的阶段，例如表现交通工具、建筑物、动植物、人物等由多个部分组成的形象。教师需要注意提醒幼儿从整体到局部的观察与绘画方法，在把握基本结构与主要特征的前提下，概括组成部分特征并加以表现，使形象具体饱满。

再次，鼓励幼儿想象和创造。中班是幼儿想象力迅猛发展的时期，艺术的再现与幼儿想象力的培养发展是否矛盾，主要取决于教师的活动策略。比如教师让幼儿纯粹通过关注外形、比例、固有色彩表现对象，那么，这样的绘画必然是毫无生气的，这样的绘画活动也必然会禁锢幼儿的想象，对想象力和创造力的培养大有害处。然而，如果教师在引导幼儿获取绘画原材料的基础上，加以调动感性经验，运用拟人或移情的方法，将对事物描绘的侧重点落到情绪情感上，那么可供幼儿表现施展的空间就大得多了。例如，在画大象和小猫的活动中，不必把重点放在大象和小猫的比例和它们的固有色彩上，那样不符合中班幼儿的身心发展特点，但大象的长鼻子，小猫的三角耳这些主要特征，以及大象与小猫各自头、身、四肢、尾巴的基本结构是可以把握的，除此之外的重点就是引导幼儿赋予它们人的情感，带着自己已有的同伴之间团结友爱的情感或是某次闹矛盾的体验去表现大象和小猫的关系。这时，幼儿的绘画作品就不再是千篇一律的呆板物象了，而是充满生命活力和情感色彩的动人形象。教师也可以通过鼓励幼儿从一个简单图形或一些有趣的线条出发，做发散性思维练习，以此活跃幼儿思维，培养创造力。例如，请幼儿积极想象，为圆形添画，引导幼儿自由创造出西瓜、太阳、棒棒糖、气球、车轮、人物或动物头部等丰富多彩的有圆形主要特征的物象，这样做既培养了幼儿的创造力，同时也训练了幼儿把握事物主要特征，结合经验联系地看问题的思维习惯，反过来促进绘画形象的发展。

最后，引导幼儿随情感体验变换视角看世界，帮助幼儿掌握多种构图形式。中班幼儿常见的构图形式是以地平线为基准，简单区分空中、地上、地下（水中）这三个空间关系的并列式构图，也就是说，幼儿有了表现日常平视视角下天空在最高处、中间是地表、下面是水域的上中下方位经验。教师在幼儿能够熟练运用这种构图形式的基础上，可以运用幼儿情绪性强的心理特点，引导他们将不带情感色彩的平视视线收回，在画面中强调某种情感体验，以此打破这种简单的客观存在的空间关系，关注于有主观表现意图、突出形象主次关系的中心式主体构图。具体可以通过将主要形象置于画面中心位置，画大画细，以及运用色彩的明暗、冷暖对比关系，在比例、细节、色彩上拉开差距，突出主要形象。幼儿在意识中会对感兴趣、希望的东西加以重视，例如，如果幼儿有过生日吃蛋糕的愉悦体验，蛋糕在外形、色彩、口感上受幼儿喜爱，吹蜡烛切蛋糕的过程中也让幼儿体验到了快乐，是生日中留下过深刻印象的事物，那么在启发幼儿表现自己生日当天吃到的美食时，他们自然会把表现重点放在蛋糕上，就像摄像镜头聚焦于一点，而相对忽略周围环境。另外还可以启发幼儿有意舍弃主次对比关系，将画面上下左右中间的关系拉回到同等重要的地位，强调画面均衡和饱满，适合传递繁荣、茂盛、热闹、喜庆的散点式构图。例如，引导幼儿走入大自然，想象自己像小蜜蜂那样飞在空中俯视春天的花海，那么幼儿对这个特定视角下花海的壮丽描绘更多就会采用散点式构图。这几种构图形式均应建立在对主要表现对象有强烈情感和表现意图的基础上，这种强烈情感的产生又是建立在幼儿的亲身体验上有感而发。

（三）中班幼儿绘画教育中的几种情况

1. 如何评价看不懂的幼儿绘画

当孩子饶有兴致地拿着他的画作给你看时，你可能会因为完全看不懂画面内容或是一知半解而不知如何回应，大多心虚地赞美一句"你画得真好"，然而这种言不由衷的"赞美"非但对鼓励孩子进行创作意义不大，还有可能会削弱建立自信所必需的表扬在孩子心里的分量，有损于孩子对你的信任。那么要根据你的一知半解对你以为看懂了的那部分做有针对性的具体评价吗？我们应该知道孩子眼中的世界以及他们呈现世界的方式与成人不同，孩子的绘画形象和他所要表现的形象之间还可能存在巨大鸿沟，也就是说成人很可能会误解孩子的绘画内容，这种误解对孩子来说无异于否定了他们的绘画，所以这种情况更糟糕，孩子可能会更受伤。评价看不懂的幼儿绘画，最好的方式是引导作者自己描述，让孩子告诉你他想要表达的是什么。可以先请他给你讲讲他的画，如果孩子含糊其词，描述的热情不高，我们不能轻易作罢，也许只是他的口头表达能力还有待提高，或者画面内容太多导致他不知从何说起，我们此时可以再指着画面的具体部位多问些具体的问题，比如"这是做什么用的"或"这是什么意思"。当你准确识别了孩子画中的某些事物后，可以将这部分联系自我经验做认认真真的肯定评价，比如："是的，那就是有蝴蝶结的拖鞋，它很漂亮，我也有一双，就在我们前面那条街的一家鞋店里买的。"这在鼓励孩子进行绘画创作以及建立孩子对你的信任上极为重要。

2. 如何理解与应对幼儿"不会画"的情况

当有孩子满面愁容地小声告诉你他不会画时，我们不能将这种情况简单归因于孩子的绘画能力不足，或是偷懒，而是要找到背后的真正原因。可以先试着通过提问"你想要画什么"来了解他，这时会出现两种答案，一种是指向某一具体物象的肯定回答，一种是依然"不知道"的否定回答。关于前者，可能是孩子在回忆细节上遇到困难，我们需要帮助他重拾经验，并增强想象力；也可能是孩子面对结构复杂的表现对象和空旷的画纸毫无头绪，不知道从何处下笔，此时我们需要将合理的绘画顺序融入观察顺序，并讲解加以引导。关于后者，说明孩子没有可供绘画的体验，这就要靠我们给他提供一些体验，或是引导他回忆一些便于绘画的深刻体验。除此之外，还有一种最棘手的情况是孩子习惯了复制和临摹，或是被灌输了"画得像才是画得好"的错误观念，导致孩子对出自他们自己之手的富有灵性的绘画创作极度不满意或不自信，面对这种情况我们关键要做的就是帮助孩子建立自信，这将是一个较为漫长的过程，需要耐心引导、慢慢鼓励。起初单纯的言语引导对鼓励孩子大胆绘画可能依然帮助不大，我们有必要找到孩子感兴趣的其他美术形式，将其与绘画相结合开展活动。比如孩子对玩彩泥兴趣较高，我们就可以围绕孩子的某一体验，先完成简单的绘画部分，引导孩子用彩泥添画表现这次体验。在每次活动中要根据孩子的完成情况逐步增加绘画成分并递减我们的直接参与，将绘画任务自然地过渡给孩子，直到他能独立进行创作。

第三节 大班幼儿绘画活动指导

（一）大班幼儿的绘画特点

大班幼儿的年龄大约六七岁，随着有意想象在这个阶段的逐步发展和日渐突出，他们已经能够在绘画之前确定主题，并围绕主题进行作画，或是按要求进行创作。大班幼儿的无意注意也进一步发展，能集中注意作画更长时间，中途无端中止或干扰他们还会引起沉浸在绘画中享受创作乐趣的幼儿的不满和反抗，而且在绘画中关注的不再单纯是事物表面的视觉特征和空间关系，表现出对事物内在联系和因果关系的渴求，即在表现事物情节上有较大进步。

在设色上，随着幼儿认识的色彩不断增多，对色彩的兴趣愈加浓厚，好恶面也愈加扩大，喜欢用自己认识和掌握的颜色将画面渲染得五彩缤纷。前期仍然没有再现或表现的意图，色彩的使用主要是满足个人的美感需求，有明显的装饰性，约幼儿末期，有些幼儿会出现再现物象固有色的想法。随着他们手部动作的灵活性和准确性的不断提高，有不少幼儿能够控制手的动作，顺着形象轮廓，方向一致、不留空白、不出边地均匀涂色，较前期对色彩的驾驭能力继续发展。

（二）大班幼儿绘画活动的指导要点

随着大班幼儿感知经验的不断积累和绘画技能进一步提高，他们不仅能够表现事物的主要结构和基本特征，而且会对很多细节加以捕捉，使画面内容更丰富。

首先，创设情境应满足大班幼儿在绘画中表现情节的需要，帮助幼儿把握事物之间的空间关系。此阶段的幼儿不再满足于对个体的纯视觉特征的把握，比如在画人物时，他们除了对人体大结构和轮廓、形状的把握外，已开始注意表现人物的性别、年龄、职业，并对人物的活动、人物与周围环境、人与人之间的关系产生表现的欲望。因此，教师应根据幼儿的这一兴趣创设有趣的情境，则情节的作品也会应运而生。初始阶段可以通过多感官的协同活动来引发幼儿对情节的感知、回忆与想象，熟练后可以简化活动过程。例如引导幼儿描绘拔河的场景，可以先组织开展这项体育活动，在此基础上帮助幼儿回忆拔河时自己的动作特点，包括手、脚的位置及身体的姿势，队友与自己的位置关系，对方队员与自己的方向关系等，将这些细节都缕清之后，教师还应该告诉幼儿有机会在画中反败为胜，让幼儿结合先前在体育活动中的具体感受与情绪体验进入绘画表现，这样一来既能调动幼儿参与绘画表现的热情，又能留给他们想象的空间。由于幼儿注意的广度较小，不能同时对画面中各部分的相对关系把握得面面俱到，经常是关注了空间位置，忽略了大小关系，或是关注了事物的数量，忽略了主次关系，因此教师还要指导幼儿养成全面考虑、整体观察、不断比较的绘画思维习惯。

其次，帮助幼儿提高对色彩关系的把握。随着幼儿使用色彩的频率不断增加，幼儿开始给形象大面积涂色，甚至有部分幼儿出现了对表现事物客观颜色感兴趣的情况，教师要以孩子对色彩的情感认知为基础来提高他们对色彩关系的把握。例如，在感受夏季的烈日炎炎后表现太阳，在体会冬季的银装素裹后表现雪景。除了这类共性的情感认知以外，也应鼓励幼儿用色彩表达各自独立的情感态度，即用色彩体现个性特征，支持他们在绘画中根据自己的好恶来使用色彩，比如用偏爱的颜色表现在意的形象、喜悦的情绪等。

再次，循序渐进地引导幼儿进行装饰与美化。幼儿阶段绘画领域的装饰美化主要体现在运用各种图案形式美的规律创作装饰画，以及对物品纸形的美化，这类绘画活动不仅有助于幼儿手的动作的准确性的发展，而且在帮助幼儿耐心、细心、整洁、有序的良好习惯的养成上大有好处，在抒发与培养幼儿的美感方面也有极好的作用。由于形式美的规律用言语表达过于抽象，而且任何活动都应建立在幼儿的经验之上，所以教师要先通过欣赏的途径帮助幼儿理解这些有助于他们进行大胆装饰创作的规律。引导幼儿观察欣赏大自然、生活以及图案装饰画中蕴含的美，归纳总结美的规律，并在印章画、图形拼贴、折叠染纸等活动中初步体会对称与均衡、对比与调和、节奏与韵律、连续与反复，在这些活动的基础上再创作装饰画。在图案花纹的变化、图案的组织形式以及图案的色彩配置这些内容上都应该从简单到复杂、环环相扣、循序渐进，而且基于大班幼儿观察、理解事物尚不能做到面面俱到的身心发展特点，教师不能设置太多目标，尤其是技能目标，要有所侧重地组织活动。

最后，创造条件，支持幼儿充分自如地艺术表现和创造。在大班幼儿积累了适合他们前期使用的技法相对简单的绘画工具与材料的经验基础上，教师还应该给幼儿提供接触更加丰富的绘画工具与材料的机会，比如水墨、水彩、纸版等技法性较强的材料，在幼儿摸索新材料的过程中给予适当的关于材料特性与使用技法的启发性示范，并让幼儿尝试点彩、撒盐、拓印等多种绘画表现手法，引导幼儿自主选择最适合表达自己的感受与想法的材料与手法。

（三）大班幼儿绘画的几种情况

1. 幼儿画得不成比例

我们经常会看到孩子画出比例失调的事物，比如把胳膊画得比腿还粗壮，或是脑袋大于身体……那么出现这种情况的原因是什么呢？是否需要给予指正并调整？让我们先来设想一个场景：课堂上你的偏头痛犯了，注意力不自觉地集中在经受疼痛的这侧脑袋上，觉得这个部位很大，此时身体的其他部位就显得微不足道，你的主观感受与实际大小是不成比例的。而且当你竭力维持课堂秩序不动声色时，这种疼痛只有你自己感受得到，其他人都无法觉察，更不会引起注意，所以在旁观者眼中你的头身关系还是现实的比例。与此相似，孩子之所以会画出不成比例的事物，那是因为对他们而言，占主导地位的是感受到的比例而非看到的比例。有实验表明，孩子只有过于压抑或自觉，他的视觉比例才会"改善"。当孩子伸长胳膊去够他很想要的东西时，此时的胳膊在他眼中的重要性远远高于腿部，将注意力集中在胳膊上，感受胳膊接物的力量感，自然会把这种体验下的胳膊画得又长又壮。我们无需纠正这种"错误"，它承载着孩子对事物的敏感度，也正因有此存在，孩子的绘画在无意间发展出了夸张、充满想象力、富有童趣的天然特质。

2. 幼儿绘画色彩脱离现实

孩子不按事物的客观色彩进行描绘，比如把大象画成橙色，把太阳画成紫色……之所以如此表现，一种可能性是基于情感上的好恶，希望画面中仅出现自己喜爱的那些颜色，固然会忽略客观事实，或者是利用色彩加以区分，用喜爱的色彩描绘喜爱的事物，反之则用厌恶的色彩表现。另外一种可能是基于特定体验带来的感知经验在孩子心中建立了物体与色彩间的固定联系，比如孩子特别喜欢的某件物体是某种颜色的，那么当画面中出现这件物体时，即使它的客观色彩发生了变化，他都会用自己喜爱的那件物体的颜色加以表现，也就是把所有的这种物体都看成是那个他所喜爱的固定物。艺术旨在表现人的情感，所以我们不必去纠正脱离现实的色彩关系。如果想要提高孩子对色彩关系的认知，我们的引导必须要以孩子对色彩的情感认知为基础，且把握一切机会让孩子独立思考和想象。

思考题

1. 小、中、大班幼儿绘画活动的指导要点分别是什么？

2. 列举小、中、大班幼儿绘画的常见情况，并说说你的看法。

第六章
幼儿绘画评价

学习要求

通过本章学习，知道幼儿绘画与成人绘画评价标准的截然不同，进一步阐明幼儿绘画活动的审美教育属性；知道评价幼儿绘画能力的目的与方法；初步了解在儿童绘画领域有关学者对"天赋"或者"天才"这个话题的看法。

第一节　如何评价幼儿绘画

（一）支持孩子自如、自主、自信地绘画表达

《指南》指出："幼儿独特的笔触、动作和语言往往蕴含着丰富的想象和情感，成人应对幼儿的艺术表现给予充分的理解和尊重，不能用自己的审美标准去评价幼儿。"幼儿有异于成人，幼儿的绘画作品更不能以成人的审美标准去评判，只要是在绘画过程中自如、自信、自主地表达个人经验体验的画作，都值得被肯定。

这里先讲一个小朋友学画的小故事。她是我的外甥女，一个 6 岁的大班幼儿，因为特别喜欢画画，于是得到家人的大力支持，被送进了她所在幼儿园的课后美术兴趣班。不久，孩子外婆欣喜地给我发来了她在兴趣班的作品，如图 6-1 所示，这幅画给我的第一感觉确实也很不错，画面饱满、用笔肯定，果实与花朵造型完整；构图上采用了前后遮挡的立体式，前排居中的草莓大于靠后及两旁的草莓，主次得当。但我仍对活动过程心存困惑，于是特地和小作者聊起视频，向她了解作画的具体过程。孩子告诉我，老师先是带着大家去园子里采摘草莓，然后品尝草莓，最后回到教室学画草莓。这是一个注重引导孩子们从有趣的日常生活出发，丰富个体对绘画表现对象的认识、感知与体验的过程，我在心里默默赞许，然而接着关于老师

图6-1 《草莓》

的具体教法却让我大吃一惊。视频那头的外甥女歪着脑袋仔细回忆草莓的画法，并且用手比画着："老师先是画这样一笔，然后这样，再画条线，再画……"孩子专注的模样不禁勾起我对自己儿时学画的回忆，那是20世纪90年代中期，同样是出于对绘画的热爱，我还能清晰地记起那种热爱源于幼儿园的一次彩墨吹画，自此的每个暑假父母都会送我去美术培训机构学画。当时其他孩子们的假期还是很自由的，而我也很享受学画的时光。但现在想来，那时候最多的就是跟着老师画和照着临本画，几乎没有自我表达可言，当时的我为什么会和现在的小外甥女一样乐此不疲呢？原因在于这样画出的作品总能得到大人们的肯定。即使画画的过程是枯燥和呆板的，但只要我们认真了就能画得很像，画出大人们眼中的"好作品"。也就是说，幼儿是喜欢被表扬的，所以对幼儿绘画的评价要遵循理解、尊重、表扬、鼓励的思路，教师要善于从幼儿的绘画作品与绘画过程中发现每个孩子值得被肯定的地方，支持孩子自如、自主、自信地绘画表达。

（二）评价要点

对幼儿绘画的评价不宜简单笼统地肯定，诸如"你画得很好""你画得太棒了"，这类评价不仅不能让幼儿清楚自己的画具体好在哪里，若出现频繁，在幼儿心中无异于陈词滥调，还会影响你的权威以及他们对你的信任。评价幼儿绘画具体可以围绕美学经验、学习品质和心理弹性三方面内容进行。美学经验也就是幼儿在绘画作品中外显的绘画能力与内隐的审美能力，包括线条、色彩、形状、构图、材质等；学习品质主要指幼儿在绘画过程中的好奇心、专注力、想象力、创造力、主动性和快乐体验；心理弹性既包括教师围绕绘画引导幼儿表达内在的情绪情感，又包括幼儿能够自圆其说的对外调节水平。除直接的言语评价外，教师给出每个点头、抚摸的小动作或是欣喜的眼神，幼儿也能从中感受到教师的态度，对后续活动也有积极导向。

对幼儿绘画的评价也不宜站在成人的理解角度提问"你画的是……吗"，由于幼儿绘画的辨识度不高，这样做很容易伤害幼儿的自信心；再者，这是以"像不像"为评价标准的发问，与幼儿绘画活动的指导理念是相悖的。因此评价主体要多样化，除传统的教师评价外，更重要的是创造机会请幼儿自评与互评，在倾听孩子们表达作画动机、画面内容、欣赏角度等时，教师又能进一步了解幼儿的所知、所感、所想，走进他们的内心世界。

评价结果的呈现方式要有童趣和仪式感，如幼儿喜爱的爱心、五角星、大拇指贴图、自制符号等。

第二节　评价幼儿绘画能力的目的与方法

（一）评价目的

幼儿绘画教育不是简单的教画画，而是让幼儿通过绘画活动得到发展，成为一个完整的人。幼儿绘画能力是内外因相互作用的产物，内因主要是指幼儿的身心发展状况，包括手眼协调能力、感知、注意、记忆和想象等；外因即环境因素，主要有教师的活动开展与指导策略、同伴的影响、绘画材料等。通过对幼儿绘画能力进行评价，教师能更好地了解幼儿的绘画能力与身心发展状况之间的关系，进一步理解幼儿，在此基础上对以往教育的得失做出及时的反思，对幼儿未来绘画能力的发展做出科学合理的预测，为后续绘画教育明确方向，并为其他领域活动的开展提供指导。

（二）评价方法

幼儿的绘画能力并不简单地与其在作品中呈现出来的状态画等号，也就是说对作为绘画活动结果的作品的单方面分析将影响评价结果的准确度。比如图 6-1 那幅《草莓》，单一地从作品的角度来看，画面完整、造型准确、主次得当、色彩饱满、富有表现力，可以说是一幅非常优秀的大班儿童水粉画，在此你可能要评价她的绘画能力超常了，然而当我们了解到她在绘画过程中是一笔一笔跟着老师的示范画出来的后，还会认为这是孩子的真实水平吗？所以，对幼儿绘画能力的评价不可忽略对幼儿绘画过程的了解与分析。

陈鹤琴就十分注重绘画过程在幼儿绘画评价中的重要性，他做了一系列文字工作帮助幼儿绘画成绩存档，其中除了每幅作品的作者姓名、创作时间此类基本信息，更多的是对绘画过程的详细记录，用他的话说是"画时之一切情况"，如绘画形式是写生还是临摹，绘画之前有没有看过什么样的图画，有没有听过与描绘对象相关的故事，有没有在现实生活中看到过描绘对象，是否有教师帮助完成等。

如今随着生活水平的不断提高和年轻家长对下一代早期教育的愈加重视，很多孩子在业余时间被送去美术培训机构学习，一直以来家长基本都是通过美术作品来评价孩子的学习效果，很多培训机构为了迎合广大家长希望孩子画得像、画得好的心理，就忽略活动过程中对孩子最本真的绘画表现力的保护，侧重技能的填鸭式灌输，阻碍了孩子的观察力、想象力与创造力的发展，拔苗助长，对孩子的健康成长起到巨大的反作用。

第三节　有关"天赋""天才"

在儿童绘画领域，有很多学者谈及过"天赋"或者说"天才"这个话题，下面给大家介绍几种主要思想。

（一）罗恩菲德的观点

罗恩菲德认为天赋不为外力所左右，完全取决于自身，是一种不同于技能技巧、很难被察觉的内在动力，并且出现在绘画作品是被有意识地创作出来的时候，所以即便大部分儿童对绘画有种与生俱来的热情，有些孩子还能轻松自如地表达自我，但这些画作只是呈现出作者自由的、拘谨的或压抑的人格特点，而天赋通常出现在有意识地进行创作的青春期。有天赋的孩子是无师自通的，会灵活运用自己的创造力，会听从和追随自己内心的声音，成人只需要予以积极鼓励，创设满足绘画活动的物质条件。

（二）杨景芝的观点

在天才是天生的还是后天培养的问题上，杨景芝的观点和罗恩菲德很不一样，她认为注重培养儿童良好的个性品质是成才的关键，天才靠兴趣和耐力的培养。儿童绘画兴趣的培养具体可通过给儿童创设轻松无压的绘画环境、采用愉快的游戏方式、培养绘画自信心、增加生活体验、投放新材料的方法来实现；对于毅力方面的论述主要是列举了几个儿童的追踪调查与几个画家的成才启示加以说明。

（三）陈鹤琴的观点

陈鹤琴认为儿童的绘画能力是天赋的，在他关于儿童美术教育的论述中多次将绘画描述为"儿童的艺术天才""儿童自己的天才"。

上述三位学者在儿童绘画能力的提升上观点是统一的，他们都认为儿童绘画活动的开展要以儿童为中心，顺应儿童的身心发展规律，不能操之过急、拔苗助长。

复习题

1. 如何评价幼儿绘画？
2. 谈谈你对儿童绘画中"天赋""天才"问题的看法。

第七章
幼儿绘画作品解析

第一节　小班幼儿绘画作品解析

（一）《高楼大厦》

图 7-1 《高楼大厦》

　　图 7-1 是一幅以"高楼大厦"为主题的小班幼儿的画。在构图上，三座建筑在画面正中间沿画纸底部依次排开，居中的建筑较高大，有主有次；在造型上，画中建筑由长方形、方形、圆形和三角形这些小班幼儿能够表现的简单几何形组成，由于手部小肌肉群尚未发育完全，不能画出流畅的长线条；经教师引导，房屋结构比较完整，能清晰表达楼顶、楼体和窗户，并且会通过大小、屋顶形状区别几幢楼房，很好地丰富了画面；在窗户的排列上表现出秩序感，但基于小班幼儿在绘画过

程中局部观察与片面思考问题的习惯，不能从整体上准确把握楼体与窗户的比例关系，只画一半在幼儿心中又是不完整的表现，综上导致许多窗户超出了楼体轮廓线，极具童真。

用色是这张画最吸引眼球的地方，画面带有明显的装饰效果，富有想象力与趣味性。也许是时间关系，作者没有给三幢建筑的各个部分都涂上颜色，所有楼顶和左边这幢最小的房子墙体还是留白的。着色部位色彩鲜艳丰富，对比强烈，使得墙体与窗户、窗户与窗户间的结构关系非常清晰。在幼儿的自述中我们了解到，作者认为这些鲜艳的颜色很漂亮，用了这些颜色她画的大厦就会很美。可见孩子是为了满足个人美感需求选色用色的，而且对色彩的识别度高，喜欢的颜色多，使用色彩的热情高。此外，教师局部涂色示范并有在巡回指导中提醒使用多种颜色进行涂色的活动指导策略也起到催化作用。

在幼儿的自述中我们还了解到，高大的房子是要给爸爸妈妈和自己居住的，而且他们一家要住在顶层，以便看到很美的风景，说明孩子不但能够按教师的引导表现特定内容，而且已有个性化构思，在绘画活动中调动已有经验同时发挥想象力，并倾注了美好愿望与情感。

（二）《两朵花》

图 7-2 《两朵花》

图 7-2 是晨间自主活动时一个小班末期女孩的作品，能够在幼儿园创设的诸多有趣的活动中主动选择绘画，说明这个孩子是喜爱画画的，老师与家长应在这方面予以关注、支持和引导。两朵花沿画面垂直中心轴左右分布，篱笆在下方排列，构图上采用幼儿期儿童常见的并列式，但有高低错落，避免了画面呆板（应该是巧合）；花朵结构完整，花、枝、叶一应俱全，两朵花在造型、设色上完全一致。小班末期的幼儿对色彩的运用更多的是基于主观的喜好，无意表现事物的客观色彩，有的甚至在画完轮廓后无意上色。这幅画在色彩的运用上是主客观相结合的，我们能看到表现客观色彩的绿叶与棕色的篱笆，也能看到流露主观表现的粉色花蕊、花枝和蓝色花瓣。针对这样的结果，可以做如下推断：第一，孩子画的这种花型来自于对现实生活中真实花朵的观察，并将其一般特征——圆形的花蕊和半圆形的花瓣，花瓣围绕花蕊呈向心状，花朵在上、花枝在下，花叶沿花枝左右对称分布……用自己目前掌握的最丰富的简单图形与线条加以组合，且处于仅能表现少数形象的阶段，故出现重复同一形象的情形。第二，花型来自模仿。其源头也许是某本涂色书、某处主题墙、某个玩教具……所以花朵在造型上有着一副毫无个性的"大众脸"。除此之外，由于小班幼儿的小肌肉动作还不够灵活，涂色容易出边框和不均匀，通过这幅画面，我们能感受到小女孩极力控制动作认真涂色的过程，成人应予以理解和肯定。

（三）《蚂蚁》

图 7-3 《蚂蚁》

图 7-3 这两幅是一个关于"蚂蚁"的小班主题活动中的绘画作品。在这个活动中，教师设计了许多富有趣味性的环节帮助幼儿认识蚂蚁，包括组织他们来到户外草地，用巧克力引来蚂蚁供其直接感知；使用先进的多媒体教学设备，看视频间接

观察补充认识；穿插音乐活动，学习关于蚂蚁的儿歌加深印象。在观察、认识、了解的基础上，教师引导幼儿对蚂蚁的结构进行描述，并根据描述依次示范，最后请幼儿在纸上作画。

受教师示范的影响，这两幅画中的蚂蚁在造型上有明显的相同之处，同时我们也能看到幼儿的年龄特征与个体差异。首先是色彩，都是用同一种颜色从头到尾地涂画蚂蚁，没有根据不同结构分色的意识与习惯，不同之处在于将蚂蚁涂成粉红、淡黄这两种颜色，是幼儿主观的产物，而土黄色的使用强调的是还原现实。其次是动态与表情，虽然都是头在左侧的统一朝向，但土黄色的蚂蚁是悲伤的、头胸腹呈倾斜角度的站立姿势，其余几只是微笑的、呈水平角度的爬行姿势。造型与朝向相同的两只蚂蚁被表现为一立一爬、一悲一喜，造型、朝向、动态、表情都一致的则用了色差巨大的不同色彩加以区分，异曲同工，都很好地避免了重复与刻板。最后在构图上都采用了能够突出蚂蚁主体地位的居中并列式，在绘画速度上表现得快慢不一。

（四）《气球》

图 7-4 《气球》

图 7-4 这三幅小班小朋友画的气球既有表层区别又有内在联系。首先在对气球的排列组织上，第一幅是发散状前后交织的，第二幅横纵排开、秩序井然，第三幅虽然没有前者那么错落或有条理，但两排气球仍是清晰可见的。幼儿能够根据各自的喜好与性格特点采用不同的排列方式，这也体现了教师在活动中指导策略的适宜性。此外我们需要注意到，不论孩子们将气球排成何种式样，这里出现的"前后"都是不表现深度空间的。第一幅很明显，挡掉的气球都被完整地表现了出来，第二、三幅中有"遮挡"的痕迹，但由于小班幼儿尚未形成在平面上表现三维空间的意识与能力，所以这种表现有明显的只知其一不知其二的"破绽"，比如幼儿在某种指导语的影响下能够将后排气球与前排孤立开来，或是对挨到一起的进行割舍、停止交错，但所有气球的线都是根据所留空间而定的，很多被挤压得很短很短，没有一

条能够经前排遮挡物后再出现；另外在最后那幅画中有局部的近大远小透视规律，这些都无外乎成人的灌输与指导。当然，通过合适的方法引导幼儿观察、探索空间，培养空间意识与兴趣是不为过的。其次是给气球添表情，这一做法符合幼儿心理发展特点，在他们的心中万物有灵，喜欢将画中的事物用这种最简单的方法拟人化。气球的表情都是笑脸，具体细节有所不同，有的眼睛大，有的眼睛小，有的用实心点，有的是空心圈，还有的是小线段，但每个幼儿对笑脸的表达方式是变化不大的，也就是说每幅画中的表情造型方法十分接近，这就是阿恩海姆说的幼儿表现功能形，在幼儿眼中这些表情在气球上的功能以及各个气球的功能都是等同的，所以他们不会主动区别对待。

（五）《水族馆》

图 7-5 《水族馆》

图 7-5 是一个小班孩子的记忆画，如图所示，仅仅凭借绘画语言我们很难准确判断作者的真实意图，唯有结合言语交流，方才得知这幅画缘由作者周末游玩水族馆这一亲身经历。孩子的画是单纯直接的，表现的是看到的、记住的和再现能力所及的部分。在这次水族馆之行中，多种多样的鱼给作者留下了最深刻的印象，他便专门画鱼，又因其关注重点在鱼的头部，能记起它们有一致的表情，所以画面中的鱼都长着大大的脑袋和相同的眼睛、嘴巴。在鱼的造型上，除了还有一条小尾巴外，其余结构均被省略了，因为那些部分未曾引起孩子的关注，在无人提醒的情况下早已被

忘却。虽经老师引导，作者还能回忆起水族馆里有水草，但仅在右下角用了一个小点来代表，这说明水草留给孩子的视觉印象是模糊的，他难以找到相对应的形状，不能肯定大胆地对其加以表现。这幅画在色彩上符合小班孩子涂色不均匀、易涂出轮廓和用色不完整的特点，另外通过交流还能得知，唯一一条多彩鱼不是孩子漫无目的的随意涂抹的，按他的说法是被别的鱼给染色了，从中表现了孩子丰富的想象力。

绘画能够反映幼儿的已有经验与内心活动，当观者不能通过绘画语言全面获取这些方面的信息时，与之进行言语交流将是很好的补充。小班幼儿在绘画过程中大多喜欢边画边说，具体表现为自言自语或主动向同伴、老师介绍画面内容，教师要抓住这一特点，耐心倾听的同时给予适时引导，就如上述活动中的引导画水草，以此来准确了解幼儿现阶段的绘画发展特点与心理，为接下来的活动设计与指导提供可靠依据。

（六）添画雨滴

本次小班绘画活动的内容是添画雨滴。老师先示范了雨滴的基本造型，接着请小朋友们选择各自喜欢的颜色在自己剪贴的雨伞周围添加各种各样的雨滴，作画工具为蜡笔。

图 7-6　添画雨滴

如图 7-6 所示，在老师的引导下，小班幼儿已经能够使用多种颜色进行绘画，但绝大部分是将每个雨滴统为一色，不能做到用色彩区分结构。不少雨滴被描绘得有手有脚且有五官，这种拟人的画法体现出幼儿眼中"万物有灵"的特点。同时他们也不忘在画面中添加打伞者的形象，但只是将其画于伞柄旁，无法表现撑伞的动态；这一人物形象的添加使画面内容更完整丰富，表现了初步的情节意识。

（七）《兔子》

图 7-7　正面兔（左）和背面兔（右）

图 7-7 这两幅是小班幼儿的画，因为出自指导教师逐一对池塘中的鱼、兔子、树、小草、太阳运用了示范法的集体绘画活动，所以它们在内容与造型方法上比较相近，又因为教师示范的兔子有正面与背面两种，所以此处存在差异。

在构图上，画有正面兔的这幅，将云朵、太阳这些位于高空的事物沿画纸顶部边缘排列，兔子、小草沿画纸底部排列，尽管其余地表物象仍是无序罗列的，但上下空间关系正在逐渐形成。画了背面兔的这幅，虽然兔子与太阳齐高，大大缩小了现实中的上下距离，仍带有儿童早期绘画中平行式构图特点，同时也能传达出太阳在上，地表、池塘在下的空间关系；兔子居中，远大于周围物象，形成了较为清晰的主次关系，这与绘画过程中教师引导作者把兔子形象画大有关。

在色彩上，一幅主要还原事物的客观色彩，表现出程式化用色特点，并通过使用不同颜色表现不同结构，画面色彩较多，但协调性较弱；三只兔子用了三种不同的粉色，表明孩子分辨色彩微妙变化的能力较强，使用色彩的热情较高。另一幅倾向主观用色，未出现用色彩区分结构的情况，色彩较单一，更符合小班孩子的用色特点；画面中出现的红绿混色是教师要求孩子将已用红色画成的树叶改为绿色、树干改为棕色，这种引导小班幼儿表现固有色的做法极不可取，应顺应孩子的绘画发展规律，鼓励大胆用色。

（八）《我爸爸》

图 7-8 《我爸爸》（1）

这是一次为迎接父亲节而开展的题为"我爸爸"的小班绘画活动。

教师引导：

首先，解读优秀绘本《我爸爸》，通过分析并表演绘本中出现的多个滑稽形象，引导小朋友们回忆自己爸爸在日常生活中的独特表现。

其次，借助多媒体进一步展示父子、父女互动场景，引导小朋友们口述自己与爸爸在一起时发生的小故事，拓展绘画创作的思路。

绘画材料准备：

水粉与油画棒任选其一。

绘画过程：

以下是图 7-8 绘画过程的观察记录：

孩子先画了一个蓝色的椭圆代表爸爸的头身结合体，黑色的细线是爸爸的四肢和头发，还画出了眼睛和嘴巴。

观察者问："爸爸的鼻子呢？"

孩子没回答，开始画爸爸的衣服，说："我爸爸最喜欢粉色的衣服。"但他却没有用粉色的蜡笔而是继续用蓝色，涂完之后还盖了一层黑色。

"这个是我爸爸。"他说。

问："你爸爸不是喜欢粉色的衣服吗，你怎么给他穿了蓝色和黑色的呀？"

答："我爸爸也很喜欢蓝色和黑色的。"

这时候主班老师强调："要画出爸爸和你在做什么哦！"

"那爸爸画好了，你在哪里呀？"观察者问道。

"我在这里。"他在右下角画了一个橙色的椭圆，再画上眼睛、嘴巴、头发和四肢，这个就是他。

继续问："你和爸爸喜欢一起去干什么呀？"

他脱口而出："打羽毛球！"

"你会画羽毛球吗？羽毛球是什么颜色的呀？"

"我知道，白色的，还有球拍，我经常和爸爸一起打羽毛球！"但是他却并没有用白色的蜡笔画羽毛球，而是继续用橙色的蜡笔在右下角画了一个椭圆。

"这个是什么？"

"这个……"孩子停顿了几秒，"这个是胡萝卜，我和爸爸都很爱吃胡萝卜。"

"那你和爸爸一起在干什么？"

"我们在吃胡萝卜啊！"

"那你画完了吗？老师来收画了。"

"没有没有。"他又拿起红色的蜡笔，在爸爸的身体上涂了一层。

"你又涂了一层，原来的衣服颜色都看不见啦！"

"没关系的，我爸爸也很喜欢红色的。我爸爸经常把颜色一层层堆起来，他画我妈妈的时候，就是这么画的。"

"那你爸爸是画家吗？"

"我爸爸是画家呀，他经常这么画的。"

画完之后他又给好几个小朋友和老师看了他的画，才交给了老师。下课后，他还要求老师把画发还给他，要带回家给爸爸看。

解析：

通过孩子与观察者之间的对话，我们会发现孩子在用色、造型与构思方面的特点。首先在用色上，孩子能够说出一些基本色彩的名称，并能识别，如白色、橙色、粉色、红色、蓝色……但并不在意用色，不能将手中的画笔与欲表现的对象的色彩联系起来，导致说东画西的情况屡屡出现。其次是造型，经观察者提醒，孩子仍忽略人物的鼻子，这表明他对鼻子的感知经验不足，尚未找到能够表现鼻子的简单形状，未到能够完整表现人物五官的阶段。最后是构思，从画爸爸和自己打羽毛球变为吃胡萝卜中不难看出孩子的局部构思是不稳定的，不过能够从头到尾完成画作，且符合"我爸爸"这个事先设定好的主题，说明孩子在整体上又是有稳定构思的。除此之外，我们还能看到孩子善于模仿的特点，能够将平常看到过的画家爸爸用多层色彩画画的情形借鉴到自己的绘画中，这种混色技法被小班幼儿自主使用的情况是不多见的，由此不难看出环境对孩子潜移默化的功能。

再看画作，我们还会发现其人物造型尚处于能够表现简略的蝌蚪人的阶段，头部与身体是被整合在一起用单个椭圆形示意的，四肢是简单的单线，五官中仅有眼睛和嘴巴，头发与四肢围绕头身结合的椭圆形呈放射状，能够表现出部分与中心的关系，但不能很好地区别形象各部分之间的方向关系。关于老师要求孩子们画出爸爸与自己共同活动的场景，这点对小班孩子来说是很有难度的，这个阶段他们只能通过借物——在人物旁边画上羽毛球或胡萝卜等来表现动作。

最后，孩子在上交作业前会主动将自己的作品展示给其他小朋友和老师看，并主动取回带给画家爸爸看，一来表现出孩子的自我肯定，说明他对自己的这幅作品是很满意的；二来表现出他想要得到他人肯定，符合孩子喜欢被表扬的心理；同时还表现出他对爸爸作为"画家"的敬仰和自豪，父子关系亲密无间。

图7-9作者自述："我爸爸有一双红色的大鞋子，他喜欢穿绿色的衣服，爸爸正在玩球。"

图7-9　《我爸爸》（2）

爸爸的红色大鞋和绿色衣服给作者留下了深刻印象，于是他将爸爸的衣服涂成绿色，并画了一双与身体极不成比例的红色大鞋，完全忽略了腿的存在，也无意刻画手部结构，在胳膊与躯干呈垂直水平关系的人物旁边画了个球就表示其正在玩球，并没有真正表现出玩球的动态，这样的人物造型特点是小班的常态。这幅画的亮点在其主客观相结合的用色上，绿衣服、红鞋子，按孩子的说法表现的是客观色彩，蓝色的脸和绿色的球则是主观想象的，并用不同明度的两种绿色区别两种事物，画面中也没有像大多数小朋友那样用无彩色黑色勾画轮廓或四肢……教师应该敏锐觉察到孩子在使用色彩上的热情与区分色彩微妙变化的能力，在这方面予以鼓励与支持。

图 7-10 所示两幅画为本次活动中的水粉画。

图 7-10　爸爸在烧菜（左）和爸爸在烧烤（右）

左图作者自述："我爸爸在烧菜。他经常烧菜，很好吃。这是他的手（位于红色圆形上部的左右两根小黑线），这是他的锅（嘴巴下部的黑色小圆）。你看，我爸爸在烧糖醋排骨，他昨天晚饭烧糖醋排骨。"

从孩子的描述中，我们不难看出他的绘画内容同样是来自自己的切身体验，表现了爸爸在他心中最深刻的印象，关于糖醋排骨的记忆也是最清晰、最鲜活的。人物造型是与图 7-8 相同的蝌蚪人，根据孩子的身心发展规律与此时的绘画能力，遵循由易到难循序渐进的教学原则，同时迎合幼儿的情绪情感，从引导调整锅与人的比例关系入手，老师可以做如下提问：爸爸烧的糖醋排骨好吃吗？它在哪里呢？你能不能把它画出来？

右图作者回忆了和爸爸妈妈去公园烧烤的经历，画面表现的是爸爸在烧烤架前一串串烤肉的场景。虽然水粉画的大刷子阻碍了孩子的细部表达，但从整体上还是能看出这个"爸爸"的结构较前几幅完整了许多，并且表现了一定的动态。当被问及色彩的选用时，孩子的解释是，绿色是公园里草地的颜色，深色画爸爸是因为烧烤时他被熏黑了。此时老师应当抓住时机，在情感上对幼儿进行引导，比如提问：烧烤热吗？爸爸流汗了吗？爸爸辛苦吗？……借此将孩子的体验向更深层推进，使其更好地理解爸爸的辛苦与付出。

（九）《西瓜》

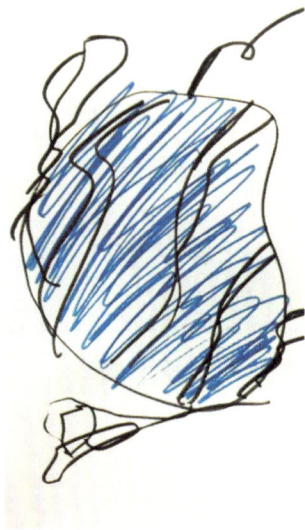

图 7-11　《西瓜》

图 7-11 是一个小班幼儿画的西瓜，造型简略，用笔如脱缰野马，线条流畅大胆；涂色不完整不均匀，没有结构性涂色，西瓜上出现的主观蓝色，作者将其解释为在冰箱里冻僵后成了蓝色，是幼儿丰富想象力的产物。在作品介绍环节，幼儿说："你看，他们住在一个水果王国里，一起唱歌跳舞，过得很开心，就像我一样每天很开心。"说着从位子上起来，蹦蹦跳跳地转圈，再一次向我们展现了丰富的想象力，同时让我们理解这种豪放不羁的线条源自幼儿愉悦的舞蹈体验。作者关注的重

点不是西瓜的视觉特征，也并没有像多数幼儿那样直白地给物象添加眼睛嘴巴表示拟人，而是用了动感的线条。离开倾听，我们很容易作出误判，将其简单归结到绘画态度与能力上，相反，在听了介绍之后，不得不赞其为天生的艺术大师。

基于这些特点，教师要保护好孩子的舞蹈热情与自如的绘画本能，以此为契机，引导孩子将丰富的想象力与肢体语言通过绘画得以呈现。

（十）简笔画

图 7-12 是一次小班集体绘画活动中孩子的简笔画。

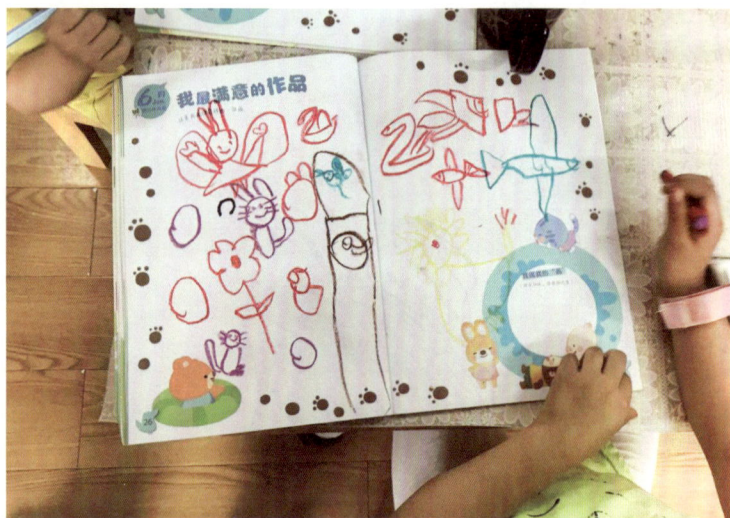

图 7-12　简笔画

教师引导：

1. 以圆形为例表现不同事物；

2. 多媒体展示若干简笔画。

绘画过程：

孩子先用棕色的蜡笔在画纸中部画了一棵由简单长方形与半圆形结合而成的树，接着在两个闭合图形里面各画了一只小动物（经作者介绍得知，半圆形树冠里画的是小鸟，长方形树干里画的是松鼠），然后用红色蜡笔一口气画了花朵、长有翅膀的兔子、一大一小两只相同造型的天鹅、两条鱼和几个未完成的图形。此时的画面用了大量红色，老师便向孩子提出换一种颜色的建议，于是作者换用蓝绿色画了一条长着很大鱼鳍的鱼，并表示鳍大了鱼会游得快。此外，孩子还想画一只狮子，但她不会画，于是主动向老师求助。老师没有直接帮她画，而是就狮子的造型特点，比如头部毛发、脚的数量、与幼儿较为熟悉的猫的相似性等方面做了引导。然后孩子用黄色画出了狮子。最后，用紫色画了两只造型相近角度相对的猫。孩子介绍画面左边是草地，右边是海洋。

解析：

　　整幅画面乍看之下，物与物之间似乎是毫无关联的简单罗列，实则不然。从绘画过程来看，孩子画得很谨慎，每完成一个物象都会反观画面，思索片刻后再继续画。从绘画结果来看，小鸟停在树冠上，松鼠住在树洞里；草地一侧画的都是些生长在草地上的动植物，海洋一侧集中画鱼。这些迹象都说明孩子作画是有构思的，能通过已画内容进行联想，将一些事物联系在一起，对局部和整体有了初步认识，但是构思不稳定，事先构思与过程中构思相结合，且尚不能对整体进行把握，会出现边画边想、想到什么画什么和哪里有空就在哪里作画的情况。在这样的构思特点下，逐渐有了要把画面画得饱满的主观愿望，但明确的构图意识尚未形成，虽然是从画纸中部下笔，然后慢慢往左右两边延展，但画面没有表现主次关系。

　　小班孩子虽然能够初步运用简单形状组合成型，但造型能力比较薄弱，区分同种事物不同个体的能力有限，这幅画主要通过改变大小、方向来表示差异，同时同种造型重复出现，与教师的指导策略关系密切，要避免给孩子带去模式化印象。另外值得关注的是，几个未完成的图形，可能因构思转移，也可能是不会画，教师要予以关注。就像从不会画狮子经老师言语引导到能够自主表现狮子这一过程，虽然最终画出来的狮子并不完整与准确，但从无到有对小班幼儿来说已是很大进步，这不能简单归因为孩子所掌握的基本图形不足，更是因其对欲表现对象的造型特征不够熟悉，需要及时引导。在画鱼上，孩子按自己的想法夸大鱼鳍的比例，天真富有童趣。

　　在颜色的运用上，只有彩笔勾勒轮廓没有对块面进行涂色，这是因为小班孩子未萌生对涂色的热情，且本次活动中教师的引导方向是线性的。在轮廓用色上，有对固有色的表现，如树和松鼠是棕色的、狮子是黄色的、花是红色的，但更多的是主观用色。过程中的一种红色画到底，既因为幼儿喜欢红色，同时也无意表现色彩。经老师提醒后注意到用色，之后选择的无非是自己偏爱的和固有色两类。

　　总之，小班孩子尚不能通过画面清楚表达自己的意图，需要结合作者的叙述，观者才能更好地理解画面内容。

（十一）《小鸡》

图 7-13 《小鸡》

图 7-13 这幅小班幼儿的画在构图上已能通过将画纸顶部表现为天，底部表现为地，以此来区分出上下空间关系，条理清晰，具有幼儿期常见的并列式构图特点。形象造型完整、准确，可辨度高，两只小鸡虽是同型同方向，但能够在头身倾斜角度上表现出微差，小鸡与花朵顶端形成高低高的节奏，很好地避免了呆板，在小班年龄段中算得上画画娴熟了。用色丰富，涂色充分，较多主观色彩，装饰效果显著，可见作者在使用色彩方面有很大兴趣。基于作者良好的绘画能力与高昂的色彩热情，教师要鼓励支持运用绘画形式表现更多幼儿熟悉的、感兴趣的、易于表现的内容，并适时投放其他美术材料，尤如游戏性较高的泥材料与综合材料，引导幼儿将积极的用色体验拓展到多种美术活动中去，不失时机地培养观察力、想象力与创造力。

（十二）《小蚂蚁坐船》

老师在组织幼儿了解过蚂蚁的外形特征的基础上，引导孩子们回忆蚂蚁的基本结构：头、胸、腹三部分，并将此画在黑板上，请小朋友添画剩余的结构，包括触角、眼睛、嘴巴、腿部等，并进行点评，向小朋友强调注意点：小蚂蚁的腿的数量、位置等。还向小朋友介绍了多种小蚂蚁的动态：躺在船上的、站在船上的、下船的。最后，给每位小朋友发了一张白纸以及若干蜡笔，请他们画出自己的小蚂蚁，在此期间巡回指导。

　　小蚂蚁是孩子们日常生活中容易见到的小动物，在很多儿童故事中也有出现，为孩子们所熟悉。虽然蚂蚁身形很小，直接观察会有一定难度，就如陈鹤琴当时的观点，认为蚂蚁、苍蝇不容易观察与绘画，没必要选择。但如今我们完全可以借用放大镜或多媒体图片、影像等手段进行观察，且能初步与科学活动（放大镜的使用）、数学活动（点数腿的数量）结合起来，所以选其作为儿童绘画主题是合适的。

图 7-14　《小蚂蚁坐船》（1）

　　图 7-14 这幅画以线条勾勒形象，主要用到"圆"这个幼儿掌握的形状，为造型降低了难度。画中虽然运用了红、蓝两种颜色的油画棒，但每只小蚂蚁的色彩是单一的，也没有对块面涂色，就是说小作者不太在意色彩的使用，更不是再现蚂蚁的现实颜色。经由观察与教师示范环节，画中大部分蚂蚁的结构完整，偶现未完成的情况，其原因会有自我否定、教师的评价与其他小朋友的影响等。所有成形的小蚂蚁在朝向、结构、大动态上完全相同，孤立地散落在画面上，欲表达的不同位置是通过画在蚂蚁周围的圆圈与波浪线来示意，表示小船的圆圈是完整的，与蚂蚁没有表现前后遮挡的空间关系，在细节处通过五官位置的变化示意蚂蚁头部的不同动态（这些离不开教师的引导与示范）。以上均表明孩子尚处于能够表现一种形象、无意物象间联系和借物表现动作的阶段，符合小班幼儿的常态。整幅画面形象多个、用笔大胆肯定、比例协调、画面饱满、不乏细致描绘，从中能看出小作者对油画棒的熟练使用以及做事认真仔细与良好心理状态。

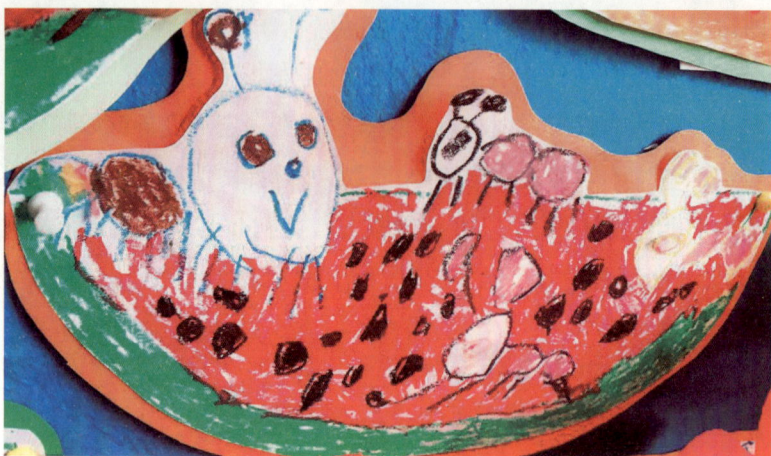

图7-15 《小蚂蚁坐船》（2）

图7-15这幅画受老师示范的影响画出了结构完整、色彩写实的西瓜船，同时按作画要求表现了不同方向、不同大小的蚂蚁和前后遮挡关系。在蚂蚁的涂色上除了用到现实的褐色外，还用了大量粉红色和零星肉色，体现出作者已对色彩产生个人情感，会大胆使用自己喜爱的颜色，但感兴趣的色彩数量较少。幼儿选用的粉红色与西瓜的大红色为同类色，加之他们的手部精细动作还在逐步发展中，涂色不均匀和漏白较多，色彩对比较弱；虽用深色勾勒了轮廓，但力度较小、线条松散，这些共同导致主体与背景的关系颇为含糊，反倒是模仿而来的西瓜船结构清晰、色彩鲜艳。这种主次关系模糊的现象能够表明小班幼儿还没有经营画面的整体意识，基本是画到哪儿关注到哪儿。

（十三）自画像

图7-16是小班男孩的自画像。他首先用红色画笔在画纸中间偏上位置画了个大圆表示头部，然后在里面用线描方式表现出眉毛、眼睛、鼻子和嘴巴。虽然现实中的他长了双小眼睛，但是他给画像用内外包含的两个同心圆表现了一双大眼睛。他还会用锯齿线表示头发，用一个近似于梯形的上窄下宽的图形表示身体，用半圆表示耳朵，用长方形表示手臂和腿，用小圆表示脚。因具备了一只手有五根手指的基本常识，他会在每只手臂末端仔仔细细地画上五根小线段，这种表现非常抽象且富有童趣。最后他能够察觉小人的衣服单调，又在中间加了两颗圆形的纽扣、两段直线和曲线进行装饰，这说明孩子已具备自主反思画面与良好的美感经验。

图 7-16 自画像（1）

在用色上，画面色彩鲜艳明快，虽然受手部精细动作处在发育阶段的制约，涂色笔触较乱、有明显的漏白现象，但基本能控制在轮廓线之内。这个年龄段的孩子对颜色的选择非常单纯，更多的是凭自己的喜好，在画面中能够直观地表现出来，比如红色的轮廓线、绿耳朵、红胳膊、一蓝一红的裤子……几处均与表现事物客观色彩无关，纯粹是表达个人的色彩偏好，同时初步表现出结构性用色特征。

作者是一个长得瘦瘦的、眼睛小小的男孩子，尽管真实的外貌特征和自画像并不十分相符，但这幅自画像用线流畅，由多个简单形状组合成结构完整的复杂人像，有丰富的主观装饰性用色。在整幅画的作画顺序上，采用了先人物后景物的顺序；在构图上，人物居中、人大景小，形成了背景与主体的主次关系；在人物造型顺序上，形成了由上到下、由大到小、由外到内、由主到次的规范。综上可以看出作者的绘画能力在同龄孩子中属发展较快的，同时也从他的这幅画中反应出幼儿绘画创作的基本特征——天真、直接、简单。

另一次绘画活动的主题也是"自画像"，老师要求小朋友们除了画自己以外，还要画一些花花草草、太阳云朵之类的景物，把整个画面填得满些。

图 7-17 是一个小班小姑娘的画，这个孩子对色彩的认识与热情度较高，拿到画纸后就迫不及待地从装着油画棒的盒子里挑选自己最喜欢的颜色——粉色，在作画过程中也会有意识地主动换笔，人物头部外轮廓、眼睛，以及部分胳膊与手掌、云朵用了粉色，嘴巴、花朵、太阳用了红色，头发与身体外轮廓用了黑色，草丛用了绿色……既有对色彩主观喜好的表达，又有再现事物客观色彩的情况。画中的两个人物造型均由简单形状组成，形色接近；双臂平举与躯干呈水平垂直关系，无动态表现；其中一个人物的两臂被画得长短悬殊，说明孩子的观察与思维是局部的，未能联系地看问题。据介绍，画中较大的人物是自己，较小的是和自己关系亲密的姐姐，自己是先画的，姐姐是在画景物的过程中添加的，由于画不下，没有勉强求全，只画一半，出现了视觉上前后遮挡、近大远小的三维空间效果，这在小班孩子的画作中是很少见的。阳光光线被画得很长，意在表达强烈的光感。画中也有观者不太好理解的事物，比如中上方绿色的像窗子一样的造型，可能在某一时刻孩子是想画房子的，结果画着画着改变了主意，表现出小班幼儿的构思并不稳定。虽说在下笔之初没有经营构图意识，人物偏左，但逐渐意识到要平衡，右边由长长的手臂、长长的太阳光芒、植物与部分涂鸦线条填充；虽将前排草丛沿画纸底部边缘排列，但人物几乎与太阳齐高，所以构图形式处于平行式向并列式过渡期，教师要抓住时机，注重这方面的引导。

图 7-17　自画像（2）

第二节　中班幼儿绘画作品解析

（一）《菜场见闻》

图 7-18 《菜场见闻》

图 7-18 是一组中班幼儿参观过菜场后回来完成的记忆画。从画面与老师帮忙记录下来的内容简介中可以看出，幼儿能够回忆起在菜场里的见闻并将它们用画画的形式表现在纸上，其中多数以菜贩摆摊卖菜与顾客买菜这些人类活动为主要表现对象，也有个别孩子对"物"更感兴趣，比如"这是菜老板的篮子"和"一排排的摊位"。在有多个人物形象的画面中，幼儿已具备区分同类事物的意识，用的最多的方法是给不同的人物涂上不同的颜色，有的也会对大小或发型等细节加以变化，但都还不能通过人物动态进行具体、清晰、准确的表达。这些画中的人物都是正面的，唯独"顾客在买西红柿、萝卜、茄子"这幅画中绿脑袋人物的上半身是侧面的，虽然他的躯干与手臂成角仍是人物造型中初级的水平垂直关系，腿部也是左右对称的正面，但作者准确表现了五官的侧方位移与手臂被身体遮挡的状况，这种空间表现在同龄幼儿中是极为罕见的。此外，他们会根据对象的外形特征、观看习惯与视觉经验选择最容易、最熟悉的角度进行表现，比如喜欢画俯视的摊位和平视的水果与人物，多视角杂糅营造出童趣空间。最后，像"老板在摆菜"与"一排排的摊位"这两幅画，它们不论在构图、画面内容还是色彩上都有许多相似之处，这很可能是邻座或关系较好小朋友间相互影响的结果。

（二）《池塘》

图 7-19 《池塘》

图 7-19 是一幅运用油水分离技法表现池塘的中班儿童画。小作者先在老师的引导下回忆她所知道的生活在池塘里的各种动植物并用语言对其外形进行详细描述，接着在老师帮助总结归纳这些动植物的造型特点的基础上，用油画棒将它们的外轮廓画在纸上并进行涂色，同时还用白色油画棒在画面空白处涂了一些小短线，最后取少量蓝色水粉颜料兑充足水分平涂于画面上。由于油画棒不溶于水也不能被薄薄的一层水粉覆盖，先前画的各种物象轻松地显露出来，且运用了水粉湿画法中水渍容易在画纸上自然沉淀的特点，画出深浅不一的蓝色，结合油画棒的白色短线就能简便地表现出变化的水纹。

在造型方面，我们从画中可以清楚地发现，作者对池塘中各种物象的描绘有的辨识度高，比如围绕画面中心的那几条大小不一的鱼，以及散落在画面边缘的几片荷叶；有的辨识度就相对低些，似鱼又似虾；有的难以辨认，比如画面中心偏下由褐色勾线黄色填涂的物体。在构图方面，动物较植物居中，动物们大都朝左，个别朝正下，极少朝右。在着色方面，主要用了黄、红、绿、蓝、褐、黑这几种颜色，整体上色彩鲜艳丰富，既有主观用色产生的装饰效果，又有对客观色彩的写实表现，比如水的蓝、荷叶的绿；就单个物象来看，用于填涂的色彩大部分与勾画轮廓线的色彩一致，初步学会用不同颜色对不同结构加以区分。总体上来说，这是一幅画面饱满、油画棒与水粉湿画虚实结合、相映成趣的儿童画。

（三）《春天的花》

图 7-20 《春天的花》

图 7-20 这组是以"春天的花"为主题的中班幼儿油画棒画。在教师对花的基本结构与造型特点做简单引导后，几个小朋友分别画出了既符合中班年龄段幼儿绘画发展特点又具有个人特色的画。

首先从内容上看，前两幅单独画花，主题鲜明；第三幅除了画花，还用了大量画面刻画周围环境，太阳与雨点同在，这种情况无异于幼儿的透明画，作者要把所见都画下来，表现出多时空重叠，体现了集写实与夸张于一体的童趣。其次从构图上看，依次表现为在画纸中部罗列物象的平行式、以画纸底部边缘为地表和同时利用画纸上部空间充分表现天空的并列式；前两幅花型大而画面饱满，第三幅花虽小，但内容丰富，画面同样不失完整性。再次从造型上看，第一幅表现出象征期的绘画特征，后两幅是形象期图画，简单形状重复出现，以图形组合为主，很少融合，都能表现花朵向心的造型特点，也都能通过运用不同形状或是同种形状不同组织来区分花朵。最后从设色上看，第一幅借鉴了幼儿喜爱的彩虹的色彩并置特点，极具主观性与装饰效果；后两幅按花朵结构进行涂色，用色上表现出较强的主观装饰性，同时还有表现事物固有色的部分。

综上所述可以看出，图一作者虽然在造型表现方面相对滞后，但敏感于运用色彩进行装饰，用色热情很高；图二作者擅于表现物体的外形特征，结构完整，涂色均匀，线条较流畅，手部精细动作发展较好；图三作者热衷于表现空间及事物间的联系。孩子们的画作各有千秋，均烙上了他们的个性特征，从该角度来看，可以说这是一次较为成功的集体绘画活动。

（四）《树》

图7-21 写生（左）与《树》（右）

这是一次主题为"树"的中班户外写生活动。这个阶段孩子手部的精细动作较小班有了明显的发展，能画相对流畅的线条，也能完成一些细部造型与着色。图7-21这幅作品从整体上看符合中班幼儿绘画特点，能够按设定的主题有始有终地独立完成。树的造型由简单的长方形、曲线与圆点组成，虽说是写生的形式，但孩子更喜欢将心中所想与眼前所见相结合，在内容上除了画树之外，还添加了许多自己已掌握的形象来充实画面。比如画中出现了三个人物，她们的造型非常接近，都是由圆形头部、三角形身体和U形四肢组成的，双臂对称向上展开、大小几乎一致的正面人像，五官表情与设色也都是一致的，仅对头饰做了不同处理。画面整体色彩鲜艳丰富，既有像棕树干、绿草、绿叶子这类遵循所见，对事物客观色彩的表现，也有红粉蝴蝶、粉衣服、红头饰这类对心中所爱的表达。从构图上来说，大树在画面中的比例与位置都表现其主体性，这个作者还很讲究画面均衡，在树干离画纸边缘较远的一侧画了两个人物，较近的另一侧相应地画了一个人物和一朵花。同时还表现出了一定的高低空间关系，如太阳、云朵是在最上面的，蝴蝶也飞得高高的，大树、人物、小花小草这些地表的事物都被整齐地排列在画纸底部，整体呈并列式。由于是先画的大树，后添的草坪，被树干挡掉小草的这个局部甚至表现出了一定的前后空间，不过我们从若干树枝呈放射状并列但基本无交织、全正面的人物与蝴蝶、人物凌空于草坪之上等处都可以看出，对于中班孩子来说通过遮挡在平面塑造深度空间的意识尚未形成，他们有的只是沿着画纸底部边缘，跳过已画树干的部位继续把草画满这种单纯的平面思维。但是，树上仅有的两朵花很特别，一朵是正面的，一朵是侧面的，教师可以通过和孩子聊天了解她的想法，如果是开始思考形象的侧面表现了，教师应抓住时机，从引导孩子观察并表现简单形象的侧面入手进行指导。

（五）《电风扇》

图 7-22 《电风扇》

这是一次以"我身边的事物"为主题的中班绘画活动，图 7-22 中作者选取了教室里的电风扇为主要描绘对象。在形象关系的处理上，电扇最大并居中，主次分明；在用色上，将现实中的白色电扇表现为绿色、蓝色和棕色，这种主观装饰性用色特点在中大班幼儿画中非常常见。产生这种情况有如下原因：其一，随着孩子认识色彩的能力不断提高，对色彩的兴趣不断加深，开始有自己的偏好，虽然他们能准确识别对象的客观色彩，但对于自己讨厌的或没什么兴趣的色彩是避而不用的，被使用的颜色一般都是他们非常喜欢的；其二，在此之前，某个由蓝、绿、棕色构成的电扇给作者留下过印象深刻，也有可能那就是他家的电扇，所以在画眼前的电扇时不由自主地将其用上自家那台的色彩，来表明指向性。从画面内容来看，电扇与花朵、太阳等物之间是缺乏逻辑上的联系的，有的形象在没有作者的介绍下是难以识别的。

（六）《河虾》

图 7-23 《河虾》

这是一次以"河虾"为主题的中班集体绘画活动，老师先带领小朋友们仔细观察河虾的形状和结构，接着请小朋友们按照从头到尾的顺序回忆河虾的构造并用语言表达出来，小朋友们说一个部分，老师据此逐一画在黑板上，直至画出一只完整的河虾线稿，最后请小朋友们各自动手在自己的纸上画一画。

图 7-23 就是其中一个女孩的画，画上共有大小不一的六只河虾。在构图上，最大的那只河虾处于画面中心位置，虾与虾之间虽多处重叠，但重叠部分的那些结构仍被画成是完整的，这说明孩子并未形成前后遮挡的空间概念，同时也能看出在本次活动中，孩子对河虾结构的认识是全面具体的。在造型上，表现侧面的虾是在其头部仅画一只眼睛，同时又有保留两个红点与两只对称的大钳子的矛盾情况，通过少画一只眼睛来表现侧面应该是教师指导的结果，孩子对此还不能很好地理解；河虾的体态虽有弯曲型和直线型两种，但两只大钳子和头部既有垂直水平关系又有倾斜角度关系，说明孩子的形状组成方式正处在过渡期，之后将逐渐学会用更精细

的角度去表现物体各个部分在方向上的差异；河虾的朝向也较单一，五只朝左、一只朝上，据此推测这里有孩子模仿的痕迹，老师示范的那只河虾也是朝左的可能性较大。在用色上，小作者把最大的和朝上的河虾涂成了每节身体颜色各不相同的彩色，有很强的装饰效果。

（七）《蝴蝶》

图 7-24 《蝴蝶》(1)

中班集体绘画活动时，老师给小朋友们布置了画小昆虫的任务。

在老师的引导下，小朋友们作画有了一定的顺序，大都从画纸的中间部分入手，先用圆形表现昆虫头部轮廓，再画眼睛和嘴巴。随着绘画经验的不断丰富，掌握了运用简单形状组合成形的方法，幼儿能比较具体地画出昆虫身上的主要部位，例如老师说昆虫有脚，就有小朋友在正面的蝴蝶身上画三对脚，也有像左图作者这样在老师的示范中习得侧面的蝴蝶只能看到一半，所以在蝴蝶身下仅画三根小短线当作是脚。幼儿装饰细节的能力逐渐提高，比如会在蝴蝶翅膀上画出自己熟悉的折线、圆形、三角形等，形象多被表现得较为饱满。随着辨色能力不断发展，幼儿基本上能够准确识别物象的固有色，但在用色上并不遵照观察到的客观情况，而是表现出对使用主观偏爱色彩的极大兴趣，乐于尝试不同的色彩搭配，如图 7-24 左图中的蝴蝶有黄色的头、蓝色的身体、红绿相间的翅膀。因中班幼儿的用色特点是感性的，作品大多色彩斑斓，各种鲜艳明快的颜色被无意识地组织成相互制衡状态，达到整体和谐。随着小肌肉群的逐步发育，手的精细动作不断发展，他们能较流畅地画出小昆虫的基本外形。在涂色的过程中，虽然大多以来回或转圈的方式涂色，但将颜色涂到轮廓线外面去的情况逐渐减少。

　　右图是小作者的第二张画，在最初的尝试中她仅画了很小的一部分，自觉不满意便更换纸张重新开始，这种情况在幼儿绘画中的发生频率也是较高的，老师应鼓励孩子直面问题，引导他们珍惜画纸、开动脑筋、克服困难，将不满意的或是画错的部分加以修改，多次尝试后能使孩子们更加大胆地作画，对自己的绘画能力更有信心，也会对轻松、可控的绘画产生更浓厚的兴趣。接着，坐在旁边的几个孩子都画了蝴蝶，当问及她是否要画相同的内容时，孩子否认了。观其结果，难道孩子撒谎？其实不然。在自我意识的作用下，追求一种能和他人加以区别，具有指向功能的独特性，所以尽管画面内容是相同的，但在具体的用形、用色上又是不同的。黑色水笔勾线，先画中间的，再画左右两边的，三只蝴蝶身体上的花纹略有差别；油画棒上色，一只蝴蝶一个主色，触角上的色彩和身体保持一致；给头部涂的肉色罩住了眼睛和嘴巴，又用水笔重新认真地描了一遍……由此看出孩子画画严谨细致。当旁边的小女孩提议画天空后，这个小作者就开始画天空了，可见孩子虽然能够有始有终地将画画完，但构思还是不稳定的，会受同伴的影响。用作装饰的三颗纽扣分别是绿色，橙色和米色的，这些色彩均是涂色中主要用到的，不难看出是她喜欢的颜色。最后彩铅装饰，在空白处画了些圆形和心形，对幼儿来说这些形状简单容易表现。尾声部分，孩子对何时结束作画不大有把握，犹豫多次，所以老师要留意孩子的绘画进程，及时予以引导，慢慢增强幼儿对画面效果的意识程度。画好后孩子主动向老师介绍：三只蝴蝶中左边的是妈妈，中间的是爸爸，右边的是宝宝。从中不难看出孩子对画作的满意与对"家"的珍重。

　　这两幅中班幼儿表现昆虫主题的绘画线条基本流畅，并且富有变化，有很多相似之处。首先，自主选择的表现对象都是蝴蝶，一来说明蝴蝶是中班幼儿较为熟悉和喜爱的昆虫，甚至在前期活动中有过认识蝴蝶的深刻记忆；二来也不排除是因为幼儿有爱模仿，易受他人影响的特点。其次，相似的蝴蝶造型在同一画面中均被重复三次，这在中班小朋友的画中是常有的现象，主要与他们局部的观察习惯与有限的再现能力有关，目前只能通过改变大小、局部装饰与色彩这些细节来区别同种事物，所以画中在成人看来宏观上相同的造型被他们不厌其烦地重复了好几遍。再次是三只蝴蝶作为一个整体均被置于画面中心位置，除此之外都在画纸上部画了太阳和云朵来丰富画面，且太阳统一被画在角落里，这种情形在儿童画中特别常见，大多是以往经验给孩子造成了刻板印象。这些简易造型的自然物以现实中的上下空间关系呈现，在画面布局与色彩运用上均与昆虫表现得主次分明，说明孩子在形象关系的处理上已形成背景与主体的意识。两幅画还都加入了传统绘画材料以外的特殊材料，一幅是纽扣，另一幅贴了双面胶（估计是为粘贴做准备）。除此以外，这两幅画也有许多不同之处。一幅画的是全正面的蝴蝶，没有前后空间关系，所有形体结构完整对称呈现，另一幅画的是全侧面的蝴蝶，因前后遮挡只画出定点观察到的一半形体，但仍然是二维的；一幅主体物沿画纸水平中线一字排列，另一幅沿画纸中心点与对角线呈三角形排列；一幅简单用两种不同颜色区分蝴蝶头身两部，另一幅将蝴蝶头、身、翅各部分用不同色彩加以描绘，并将翅膀上的装饰纹样表现得色彩斑斓；一幅不勾线简单涂画太阳云朵，另一幅将这些景物细致勾边并用了拟人手法，且大胆地出现了半朵云，画面富有童趣。

综上所述，毋庸置疑的是孩子们作画态度极为认真，绘画能力也在中班幼儿的中上列，但在绘画感觉上相对拘谨，少了些幼儿该有的活泼，这也是中大班儿童画的常见问题。首先，老师一定要控制好示范的程度，以引导观察、鼓励自由表达为主；其次，在评价上切不可以成人的标准，诸如画得像、画面整齐干净才是画得好，以此来衡量孩子的作品；最后，可以适当投放水粉、水墨之类在效果上更加灵活多变且富有游戏性的绘画材料，引导孩子以更加放松的状态进行作画，达到本色流露、张弛结合。

图7-25这两幅同样是中班幼儿画的蝴蝶，从画面来看更有童趣。左图主次分明，蝴蝶大而居中，造型完整，较多细部刻画；特殊的黏土材料装饰蝴蝶腹部，与周围形成平面与立体的强对比关系；在色彩上对比最强、用色最丰富的部分刚好也是此处的红蓝。彩铅部分单一的用色与黏土部分的大胆对比，提示教师可以通过给幼儿

图7-25 《蝴蝶》(2)

提供色彩上较敏感的材料帮助提高色彩兴趣。右图同样以刻画蝴蝶为主，色彩鲜艳丰富，但在构图上明显偏左，说明幼儿有了表现主次关系的初步意识，同时需教师引导。此图的另一大特点在于自上而下纵向排列的云朵，这种情况存在两种可能，一是幼儿尚不能够将上下空间中的事物予以清晰划分，二是源于自发或模仿的远近探索，试图在平面上表现由近及远的深度空间，教师需要结合绘画过程，通过言语交流进行深入了解后做出准确判断，继而给予相应指导。

（八）蝴蝶剪贴画

中班美术活动，剪出小昆虫彩图，并为其画一个家。

由于中班孩子手部精细动作尚在发展阶段，虽然能够沿边剪出形状相对复杂、轮廓比较曲折的形象，但对那些形状太复杂太细小的部分把握不好，常常会剪断弄坏，所以在剪纸环节，老师应提醒小朋友们在剪轮廓时多留些白边，以防将昆虫的腿部、触角等细节剪断。

图 7-26　蝴蝶剪贴画

图 7-26 的作者是个小女孩，她选择以自己喜欢的美丽蝴蝶作为画面主体，能够完整地将蝴蝶剪下来，并贴在粉红色的画纸中间。在她的记忆里蝴蝶是生活在花丛间的，而且她本人也非常喜欢花草，因此处于并列式构图期的她沿画纸底部边缘很用心地画了一排花草。其中已完成的四朵花集点、线、面的运用于一体，细节、色彩丰富。此外，花草不仅在内容的叙事性上，并且在空间上均与蝴蝶产生联系。

（九）《我的老师》

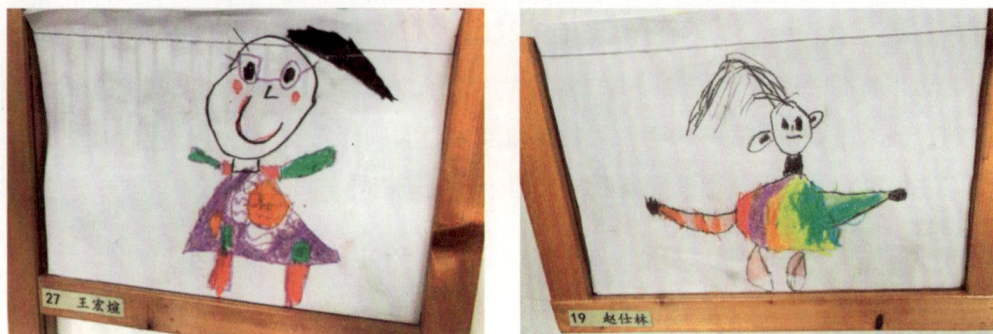

图 7-27　女孩（左）和男孩（右）的画作

图 7-27 是一次中班集体活动"画画我的老师"中男女两位幼儿的习作。作画之前，老师先引导小朋友们仔细观察自己，接着指导他们用线勾勒轮廓后涂色。两幅画在构图上都是一个形象的居中表现；在造型上，都是双臂展开与身体呈水平垂直角度的正面人物，虽然右图较左图多了耳朵与手掌，但结构基本都是完整的，且有较丰富的细节与装饰形。这两幅画最大的亮点是装饰性的用色。左图中的轮廓线用了黑、紫两种颜色，也就是说孩子在画不同结构时有关注到色彩，会换笔使用；右图则是统一黑色勾线。左图中的"老师"戴了一副醒目的紫色框眼镜，其实这个特征是小作者自己的，一来是因为她对自己的镜框色彩较老师的印象更深，二来结合画中裙子也被主观地用了大面积的紫色，说明在众多色彩中她很喜欢紫色。右图中的裙子是七彩色的，很像彩虹，原因和前者相仿，仅仅是因为作者认为彩虹很漂亮。孩子们的单纯率真在绘画中表现为异于成人的表现力与创造力。

（十）《柳树》

图 7-28 是一次以"柳树"为主题的中班集体绘画活动中的习作。从内容上看，主体部分的柳树数量从一棵到两三棵不等，背景部分都是对柳树生长环境的简单表现，有太阳、云朵、花草。从构图上看，要么直接将画纸底部边缘作为地平线，要么在其附近画一根线表示，地表的花草树木沿此线排成一列构成并列式。在空间关系的表现上，基本是对现实中置于地表的事物与处于天空中的事物进行上下平面的划分，偶现微妙的前后表现。比如画了一高一矮两棵柳树的那幅，高低对比既避免了呆板，又是高的较矮的更靠近画纸底部，表现出符合透视规律的近高远低。但除

图 7-28 《柳树》

此之外，在这幅画中再无深度空间的表现，甚至在较矮柳树的左侧枝条被较高柳树明显挤压的情况下也未曾采用能够表现远近前后空间的遮挡法，所以这种表现深度空间的能力对作者来说是微弱的，甚至是无意的。从造型上看，几幅画中的柳树结构完整、特征鲜明，说明幼儿对所要表现的对象是经过仔细观察与认真了解的，同时具备了基本的形象表现能力。从色彩上看，都表现出了主观用色的特征，其中前两幅色彩更丰富、装饰效果更强烈，说明它们的作者对使用色彩有着浓厚兴趣。

（十一）《三只小猪》

图 7-29 和 7-30 是两个中班幼儿自主选取三只小猪故事中的一只小猪所作的两

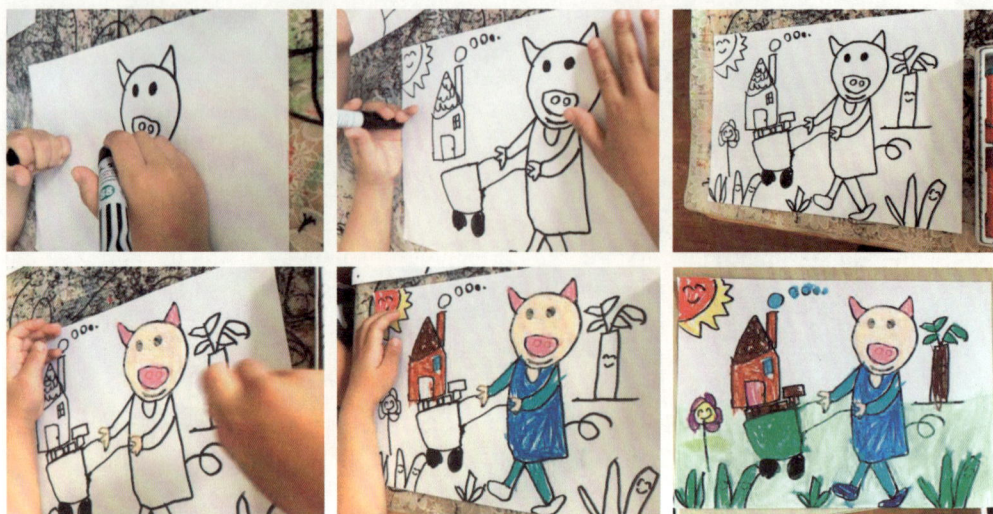

图 7-29 《三只小猪》（1）

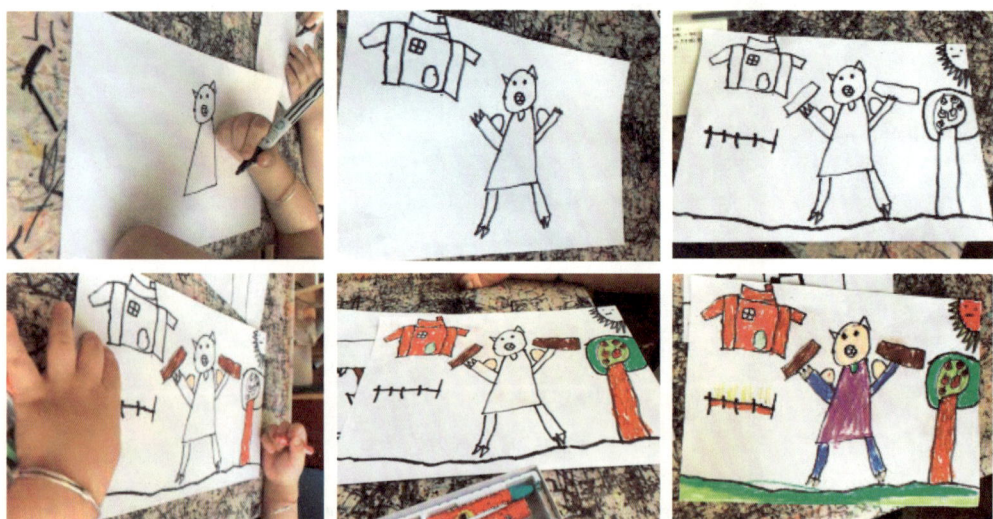

图 7-30 《三只小猪》（2）

组绘画。从绘画步骤来看，在线稿阶段，两名幼儿都是从头到脚地画小猪，先画小猪后画背景，整体上遵循由主到次的作画规律，思路清晰。在设色阶段出现较大差异，前者与其线稿思路一致，后者则打破了物象间各自独立的完整性，按色彩需要进行局部分散着色，这样的设色方法能够减少换笔次数，但需要全盘经营，对中班幼儿来说是很困难的，所以不排除在其绘画过程中存在方便作者——对应色彩的参照物。两幅画都是多层并列式构图，小猪与其并排景物为近景，房屋为远景，在结果上表现了深度空间，但仍未形成前后遮挡意识，比如前者推车中的物品被勉强压缩在房屋与推车的缝隙中来避免遮挡,布局的高度相似也不排除绘画过程中有模仿的可能。在造型上,虽然两只小猪的动态不同,但基本结构的相似度极高,再次体现了绘画过程中的模仿痕迹。在用色上,树、草、太阳等自然物是遵照固有色的,能够灵活表现的部分均被施以主观色彩,比如小猪的衣服、房屋的门窗,基本符合中班幼儿的用色特点,教师应予以更多自由表达的机会,引导色彩兴趣,鼓励想象与创造。

（十二）《树》

图 7-31 《树》

图 7-31 是两个中班孩子以"树"为主要描绘对象的画作,它们在材质、内容、构图、造型、色彩上表现出许多相似之处。

首先,画面中除了以马克笔勾勒轮廓,彩铅、蜡笔涂色外,还结合运用了橡皮泥、纽扣、纸屑等综合材料。其次,除了主要表现对象"树"以外,都画了草地、花朵,内容基本一致。再次,大树顶天立地居于画面中部,花朵在其左右对称分布,所有物象沿画纸底部边缘一字排列……在构图上都表现出对称、并列、主次分明的特点。另外在造型上,都以矩形为树的基本形,由大到小层层组合,花朵、树叶也均同型。最后在色彩上,既有表现物象客观颜色的情况,如棕褐色树干、绿色树叶、花叶、小草,又有主观用色,如红、橙、绿色的果子,七彩纸屑背景。

特殊材料的使用既得益于教师在本次活动中的物质准备与引导,又离不开孩子搓、揉、压印、粘贴等基本技能的掌握;画面内容、构图与造型的高度共性出现于

杂的融合形状，科学器械造型多样，能够通过对环境中科研器材的描绘来表现人物身份与动作，这些都表明孩子的生活经验与造型能力逐步发展。在构图上，以画纸底部边缘为基准排列形象，这是幼儿期孩子常见的并列式构图；人物居中、比例最大，能够表现主次关系。在涂色上，虽有留白，但尽量是控制在轮廓线以内的，且涂色完整，这与手部精细动作不断发展和认真、严谨的绘画态度密不可分；在用色上，除了脸、手是对肉色的固有色表现，其余以蓝、黄为主，这些应该是作者非常喜欢的色彩。总之，从画面来看，这个孩子的绘画能力在中班幼儿中属于较好的，基于目前的阶段性特征，教师可以适当引导整体观察，促使其养成良好的绘画思维习惯；在表现物体深度方面导向幼儿易理解有取舍的单一面；在用色上鼓励更加大胆地自由表达。

（十五）《油菜花》

图7-34 《油菜花》（1）

图7-35 《油菜花》（2）

图7-36 《油菜花》（3）

图7-37 《油菜花》（4）

　　这是一次主题为"油菜花"的中班幼儿指印画活动，我们选取其中具有代表性的四幅习作进行比较分析。由于活动主题、材料及技法的规定性较强，几幅画在内容、造型与色彩上表现得相差无几，差异性主要体现在空间表现上。在此次活动中，教师试图引导幼儿描绘出油菜花前后排列的空间关系，结果仍有少数幼儿仅能表现出一排油菜花的并列关系，如图7-34所示。大部分是像图7-35那样画两排花，并用两种绿色加以区分，一般是将明度低纯度高的用于前排，表现出近实远虚的效果；其次在布局上采用多层并列，第一排以画纸底部边缘为地表，花根紧贴纸边排列，第二排根部位置统一稍高于前者来表现其空间靠后；横向上两排花错落有序穿插，偶有前后遮挡，尽显茂密繁盛。还有极少数是如图7-36这样有上中下三排油菜花，下排与中上两排在用笔上有繁简之别，这也是表现深度空间的一种好方法，然而各排孤立存在，这种对比便发挥不了应有的作用，不能给人带来近、中、远空间延伸的视觉效果。图7-37同图7-35一样画了两排花，但两排花的落差距离更大，同时明显地表现出了花朵的近高远低，使其表现的空间更加深远、准确。

　　对于像图7-34那样在引导之后仍无意表现空间深度和左下那样有意但不能准确表现的幼儿，教师应耐心等待其空间感的发展，同时可以充分利用有趣好玩的手工活动，其中更直观的立体材料与造型对幼儿认识空间帮助更大。对于已经能够准确表现空间深度的幼儿，教师应在材料与内容的广度上遵循幼儿的爱好与发展需求做出支持与引导，在造型的深度上循序渐进地提供指导与帮助。

（十六）折纸添画

图 7-38　折纸添画

这是一次折纸与绘画相结合的中班美术活动。从图 7-38 中添画的内容上看，太阳、云朵、星星、花草、小鸟、蝴蝶、人物等均是幼儿熟悉的日常事物，其中有将星星与太阳画在一起的情况，这既能说明作者喜爱这些事物，为能够表现它们而感到愉快，同时也说明作者对事物之间的现实关系把握得不够全面。从构图上看，这些画均能表现房子的主体地位。大部分幼儿采用表现二维空间的并列式构图形式，以画纸底部边缘为地平线，将折好的房子居中放置，与添画的地表事物沿此线左右排列，所有天空事物聚于画纸上半部分，与地表事物构成上下关系；少数幼儿采用能够表现三维空间的多层并列构图形式，将房子置于画面中央，同时沿画纸底部边缘排列物象，与房子构成前后关系。其中我们要特别注意屋前那条石子路的造型，由于幼儿未掌握平视视角下深度空间的表现方法，违背透视规律的造型对三维空间的表现是起反作用的，这也是为什么用了多层并列式构图的画作依然不能给我们带来多少空间感。从造型上看，对房屋的塑造均是屋顶、门窗的结构性表现，由中班幼儿已经掌握的各自喜爱的简单线条与图形组成；人物头部结构基本完整，躯干与四肢有线与面两种不同程度的描绘，并体现幼儿已具备借物表现人物动作的能力，如跳绳；大多会用拟人手法给太阳、花朵等添加眼睛、嘴巴，这体现了幼儿眼中万物有灵的特点；同种物象以相同造型重复出现的情况较为普遍，一来是兴趣使然，二来是能力所限，教师要在肯定绘画热情的基础上适时引导多角度观察比较与多方法表现。从色彩上看，部分符合客观现实，比如白云、绿草；也有大胆的主观用色，比如蓝色太阳；还有某几种颜色使用频率高的特点，这有两种可能，一是喜好，二是无意换笔，不管缘于何种，教师都有必要引导幼儿感受大自然与日常生活中的色彩之美。

第三节　大班幼儿绘画作品解析

（一）《杯与勺》

图 7-39 是一个大班男孩在美术角完成的剪画作品——《杯与勺》。

孩子先用铅笔在白纸上快速画下三个造型各异的杯子与一把勺子，没有添画过多装饰就把它们沿轮廓线剪了下来，并愉快地举着剪下的图形向老师介绍："这是我画的奶茶杯，这是水杯，这是饮料杯，还有这把是勺子。"他的这一行为能够说明几点：一、对作者而言剪纸的吸引力大过绘画；二、作品传达了他在日常生活中积累的对杯与勺的认识，尤其能够区分不同杯子的功能与形状，并分别造型；三、他此时的思维是具象写实的，以"是不是"作为自评标准；四、他对自己的作品很满意，希望得到他人的认可。

老师在对幼儿的作品加以肯定后提出添画装饰的建议，幼儿采纳。

幼儿先用黑色铅笔对画的勺子进行装饰，表示黑白相间的斑马纹，紧接着再次出现用一支蓝色笔在剪下的奶茶杯图形上添画所有装饰的情况。（在色彩的使用上，即使经老师提醒改用了彩笔，也只是选择一种颜色涂画局部。）换笔不勤的现象说明孩子对使用色彩没什么兴趣，因为不了解色彩的美，自然对使用什么颜色表现得

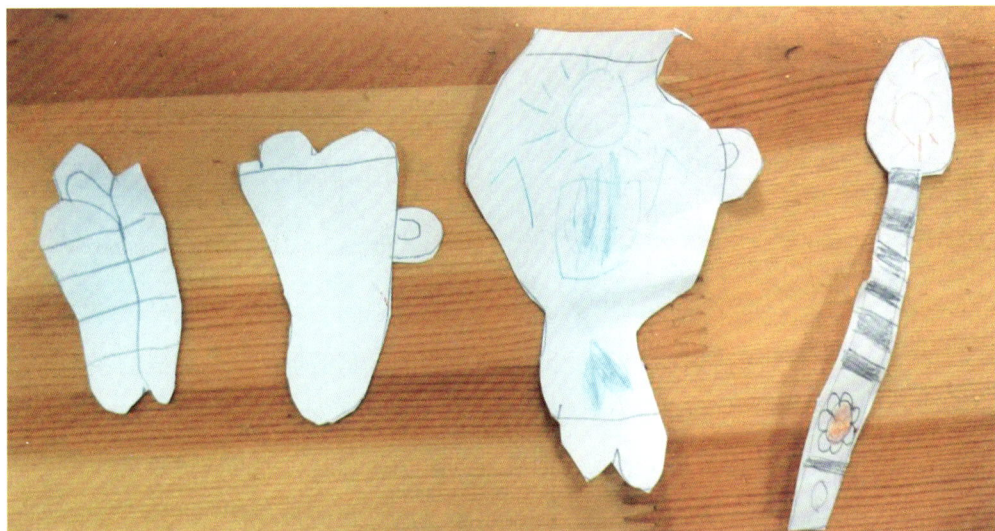

图 7-39 《杯与勺》

无所谓。对于这种情况，教师需要创造条件引导幼儿感受色彩之美。

最后，幼儿将他的"勺子"描述成是具有神奇力量的，用它吃什么东西都会变得很好吃。我们知道，在日常生活中孩子常有挑食偏食的现象，应该正是这种体验促使作者想到要创造这么一把特殊的勺子，来帮助他吃下原本不喜欢但又不得不吃的食物。经过装饰环节，孩子发挥了想象力，不再拘泥于"像不像"或"是不是"的简单技能层面，绘画活动的意义也就得到了拓展。

（二）《吃鸡》

图 7-40 《吃鸡》

图 7-40 是一个大班男孩在一次 20 分钟左右的区角活动中陆续完成的系列自由绘画，它们都以"吃鸡"游戏为主题。在作画过程中，幼儿一边画一边轻声自语，因为喜欢受到关注，当旁人（老师）向其询问画面内容时，他的表达热情变得更加高涨；同时邻座的幼儿也会放下手头的事情主动凑过来加入观赏与讨论，这说明他们在活动过程中极易转移注意力，尤其是受近距离人、事、物的影响。经过沟通得

知，作者对这款游戏非常熟悉和感兴趣，表示每天都要"吃鸡"，所以一下子画出了多幅，每幅画的具体内容、场景各不相同。从色彩上看，幼儿涂色意愿薄弱，只喜欢用简单的线条表现对象；其中选择蓝色涂云朵、黄色涂树冠、褐色涂树干，体现出表现固有色的用色特点；受红底的影响画面混色变色，与预期效果不符，孩子很快就放弃了涂色。从作画顺序来看，没有清晰的布局预设，基本是哪里空着画哪里。从空间处理上看，有的以画纸顶部为天、下部为地表现上下二维，有的开始探索远近，呈上下几排的多层并列式。从造型上看，幼儿能够通过细部处理表现同种事物的不同之处，虽然人物基本是一个模子的火柴人，但动态表现比较丰富，有的倒地，有的飞在空中，有的持枪站立；房子外形相近，但一大一小，内部构造与存放的物品也有所区别。

（三）外甥女的画

图 7-41 人物画（1）

正在念大班的外甥女对绘画很感兴趣，常常主动利用课余时间画画，尤爱画人，图 7-41 便是她在家所作的自由绘画。从内容上看，每幅画主体部分均描绘一人，有的背景用她喜欢的气球作装饰；从构图上看，以画纸底部边缘（附近）为地表，人物居中偏大，形成人物与背景鲜明的主次对比关系；从设色上看，处于自由表现主观色彩的阶段，用色大胆，涂色基本不出边缘但不均匀，留白较多；从造型上看，表现出通过发型、衣着区分人物性别的愿望，但具有鲜明的模式画特点，无论是对人物角度、动态、五官表情、四肢的表现还是对同性衣着与发型的处理都趋于雷同，仅能通过服装上的纹样、设色对同一性别的人物再加以细分，说明在作者

图 7-44 《端午节》

和这种式样完全不同，因此可以判断与本次活动中老师的统一示范或课件中的范画关系不大，更有可能是教师的个别示范或邻座同学间的影响。但如此严谨的粽子造型不太可能完全是由某个大班儿童自发创造的，追根溯源，与儿童在动画片、绘本、涂色书、城市墙绘、卡通雕塑等艺术形式中积累的视觉经验有关。孩子喜欢给物象添上眼睛、嘴巴加以拟人，且通过刻画不同表情来区分同一种事物间的不同个体。在用色上，前两幅用了多种绿色区分粽叶的纹理，能够通过同类色彩不同明暗的交替使用来丰富画面；后一幅通篇仅用了一种绿色，未能对不同结构做出区别，显得单调；在涂色上，第一幅能很好地控制在轮廓内均匀涂色，第二幅稍有飞白，最后一幅留有较多飞白且涂出线外，但值得注意的是所用绘画材料不同，前两幅为水彩笔画，后一幅为油画棒画，水彩笔较油画棒笔头更细小，更容易涂画细节，这也是导致它们之间存在差异的一个因素。孩子们的绘画速度也有快有慢，熟练度参差不齐，相似内容的画，一幅已经圆满完成，另一幅还差半幅涂色。乍看之下，估计有不少人会认为最后这幅画的作者在绘画能力上与前两位相差甚远，但从二维空间关系的构图、简单形状融合成的完整造型、大量固有色的使用等方面来看，三位小作者的绘画特点在整体上是相近的，仅在用色的丰富性与涂色的细致程度上有所差异。总之，教师在评价环节要着眼于宏观，以鼓励与正面评价为主。

（五）《皇帝打仗》

图 7-45 《皇帝打仗》

图 7-45 是一个 6 岁男孩的画，据介绍，孩子很喜欢画画，有每天晨起作画的习惯，而且非常投入，不画完就不吃早饭，最爱表现皇帝打仗的场景，并且总是用简单的直线表现人物的胳膊和腿，且总是不忘画人物的满嘴牙齿。

根据以往的研究，6 岁幼儿的无意注意进一步发展，能集中注意作画更长时间，中途无端中止或干扰会引起沉浸在绘画中享受创作乐趣的幼儿的不满和反抗，所以这个孩子身上会发生不画完不吃饭的情况。该年龄段幼儿在绘画中关注的不再单纯是事物表面的视觉特征和空间关系，而是表现出对事物内在联系和因果关系的渴求，他们已开始注意表现人物的性别、年龄、职业，并对人物的活动、人物与周围环境、人与人之间的关系产生表现的欲望，在表现事物情节上有较大进步。这个孩子在画中能够用头戴皇冠的方式表现国王这个特定的人物身份，喜爱表现的打仗场景也必然是带有一定故事情节的。由于孩子在表现情节方面尚处于以群体活动的方式用同一动作表现共同活动的阶段，所以画面中的各人物动态雷同，基本是正面平举双臂的姿势，通过画在人物手里的兵器表示战斗的动作，并没有真正表现出相互打斗的场景。另外对于题材内容的单一性，以及对四肢的简单描绘与嘴巴的呆板表现，我们首先要保护好孩子对绘画的热情，支持与肯定他的绘画行为，同时要充分创造条件和机会，由孩子喜爱的国王打仗的故事延伸开去，和孩子一起感受、发现和欣赏自然界与生活中其他美的事物，循序渐进地鼓励孩子表现更多更丰富的题材内容；其次要通过创设情境，分步骤地引导孩子逐一关注胳膊、腿和嘴巴，比如借用小男孩喜欢的体育活动以及照镜子模拟不同表情等，进而引导观察这些部位的结构特征、动态变化，并鼓励用绘画的方式将其记录下来。

（六）《毕业照》

图7-46　A班（左）和B班（右）幼儿的画作

A班，老师以几幅表现幼儿集体活动场景的儿童画作为范画，并指出"毕业照"可以画两三排，尽量把画面画满；后排小朋友较前排离得远，要画得小一点，他们的身体会被前排挡住，只要画出头部；画好一个人的轮廓后再画另一个，不要把每个人都画得一样，要画出不同的服装。

B班，老师没有提示小朋友们表现空间上的近大远小与前后遮挡关系，其他方面与A班相仿。

图7-46是A、B班小朋友的画作，他们都有意在平面上表现立体空间，但在具体的表现技法上存在差异。前一幅运用了近大远小的透视规律与前后遮挡的构图法，后一幅则运用的是多层并列式。结合活动过程与大班幼儿空间概念的发展特点，我们能够判断引起差异的原因主要在于两个班教师的不同指导策略，所以不能仅凭画面草率判断A班小朋友比B班小朋友画得更好。两幅画的另外一大区别表现在用色上，A班这幅画色彩丰富，冷暖相间；B班这幅画以紫色为主，相对单一。访谈得知，幼儿在对景物的描绘上是表现客观色彩的，但在服装的用色上都自由地选用了各自喜爱的颜色进行装饰性表现。对比用色特点，A班小朋友敏感于色彩的彩度，能够大胆使用不同色系的多种色彩；而B班小朋友敏感于色彩的明度，能够分别使用多种微妙差异的紫色。在人物造型上，两幅画中的人体结构基本完整，但都没画耳朵与脚板，另外A班较B班多了脖子这个结构；A班画中的手掌与胳膊之间的关系表现为融合之形，其余部分和B班的画一样，都是简单形状的结合之形；各部分间比

例失衡的情况较多，比如脖子大于身体，胳膊比腿长；人物动态都是双臂展开，与身体大致呈水平垂直状态的。

（七）建筑设计图

图7-47 画设计图（左）和对比（右）

图7-47左边是一个大班男孩在建构区准备搭建之前画设计图的场景，右边是设计图与搭建结果的对比照片。这不是一次单纯的绘画活动，而是与建构活动共同开展的综合性活动，符合当今世界教育发展的新特点与新要求。因为需要用到大量的长方体来搭建房子，所以小建筑师很认真地画了许多长方形来表示哪里是地板、墙壁、屋顶，具体如何垒砌与衔接也都表达得清清楚楚。设计图实实在在地发挥了它的作用，搭建结果与设计图一致性高，作者能够在平面的绘画与立体的积木搭建间良好转换，表明其空间思维能力较强。通过作者的介绍我们还得知这是一个购物中心，一楼是商场，二楼和三楼是超市，这种模式在现实生活中极为普遍，可见这些绘画与搭建内容来自于孩子的生活体验。

从图中我们还不难发现这是个喜欢用左手画画的孩子，对此，有些家长因担忧左撇子长大后生活会有诸多不便而强行要求孩子改用右手画画、吃饭、写字等，其实世界上有很多成功人士都是左撇子，比如伟大的科学家爱因斯坦、著名画家达·芬奇、微软创始人比尔·盖茨等，这么说来如另一种民间观点：左撇子更聪明？其实也不是这样的，并没有确切证据表明左撇子比右撇子更聪明。我们的大脑由左右脑组成，左脑是逻辑思维的"理性脑"，负责语言、逻辑、数学、推理；右脑是形象思维的"艺术脑"，负责音乐、想象、记忆、图画。右脑有优势的人一般多用左手，多用左手又会促进右脑发育，反之亦然。科学研究发现右脑比左脑发育要早得多，宝宝出生后直到6岁是负责记忆的右脑的发育高峰期，所以成人常常惊叹于幼儿的记忆力，这个时期也是开发右脑的最佳阶段。因此左撇子孩子的家长无需为此感到担忧，顺其自然就好，当然，在尊重孩子天生利手性的基础上，鼓励孩子多做一些双手并用的练习也许会更好。

（八）《金鸡冠的公鸡》

图7-48 《金鸡冠的公鸡》

基本过程：先由教师讲述故事《金鸡冠的公鸡》，并在屏幕上呈现了故事中的场景图片，再请幼儿运用多种材料画一画。

图7-48是一个大班幼儿围绕故事《金鸡冠的公鸡》所创作的图画。她先画了草地、房子和公鸡，接着自言自语道："我不会画狐狸呀。"只好又画了太阳、云朵、小鸟、虫子和向日葵，最后照着屏幕上的图片，画下了小猫、狐狸和画眉鸟。进入着色阶段，老师提醒小朋友们根据自己的想法自由地选用各种美术材料进行装饰。作者用了"玉米粒"、黏土、小纽扣、油画棒和水彩笔，完成后介绍说："金鸡冠的公鸡在房子里，猫哥哥和画眉姐姐在外面，狐狸在旁边……因为喜欢蓝色，所以把小鸟涂成蓝色。"

画面解读：将最主要的表现对象"公鸡"安排在画面正中，体现出作者思路清晰，具备区分主次关系的能力；鸡冠的颜色符合故事要求，说明作者能够准确辨别色彩并按要求作画；各种材料的使用是幼儿凭着自己的兴趣选择的，小鸟被涂成蓝色也是因为喜欢蓝色，很好地体现了自主意识，满足情感需求。

过程评价：首先，老师在讲述故事和指导幼儿绘画的过程中，会巧妙地运用语言对主要表现对象进行详细描述，使其可感知、可视化，比如强调狐狸的眼睛骨碌碌转个不停、金鸡冠的公鸡脑袋油光光、胡须跟丝一样，以此来引导幼儿了解形象特征表现具体细节。其次，提供多种美术材料供小朋友们自主选择，这样既增加了游戏的趣味性，又充分发挥了他们的主体性。

然而活动中也存在些许不足，比如说当幼儿在造型上遇到困难时，教师未能及时予以引导。其次，故事讲述阶段的场景图片在屏幕上被一直保留到幼儿绘画创作阶段，这无异于范画，那么基于幼儿爱模仿的天性以及模仿较创作的简易度，均会促使幼儿进行临摹，造型的各种可能性不复存在，大大降低了幼儿在自主创作中能够获得的观察力、想象力、表现力与自信心等各方面的培养与锻炼。

（九）《孔雀》

图 7-49 《孔雀》

这是一次以"孔雀"为主要表现对象的大班绘画活动。

从活动过程来看，大班幼儿能够在教师的引导下通过观察不同角度的孔雀照片与若干儿童画，概括出孔雀羽冠、尾羽等部分的大致特征，最后将其基本结构用绘画形式表现出来。

图 7-49 是本次活动中一个男孩的画，从构图上看，采用的是幼儿期常见的仅

表现平面空间的并列式构图。从造型上看，物象结构完整、清晰可辨，着重表现了孔雀对称生长的结构特征，其中硕大的脚板格外突出，比例的些许不当表现出幼儿考虑问题难以面面俱到的特点。从色彩上看，用色丰富、主观，装饰性强，并能严格按照对称特点进行涂色，结合蓝、紫、绿等大量明度较低的冷色的使用，共同表现出作者理性、冷静、严谨的性格特点，其次是手部肌肉发育良好，涂色均匀并能很好地控制在轮廓线内。

（十）《篮球场》

图 7-50 《篮球场》

图 7-50 是一幅大班幼儿的自主命题画。

作画前，老师询问幼儿绘画主题，得到要画篮球场的回答，结合绘画结果，能够判断作者在构思上符合该年龄段幼儿作画前已有构思且构思稳定的特点。画面中出现的几个人物分别是老师、自己和好友，形象来源于幼儿的现实生活；造型形成定式，画人顺序都是从头到脚，脸型、五官（表情）、身体（衣型）、四肢造型一致，反映已有绘画经验；能够通过配饰（眼镜）、发型、服装纹样、高矮胖瘦区分身份、性别与年龄，但尚不能表现与主题内容相符的具体动态。在色彩上，局部涂色，且较多表现事物的固有色。在构图上主要表现了上下二维空间，花草沿画纸底部边缘排列，局部仍有幼儿早期绘画的并列式构图痕迹；重点刻画人物，有主次意识但效果不佳。

在造型上，教师关键要做的是引导孩子走出模式，进一步培养观察力与想象力，鼓励用自己的方式表现所见所感；在设色上，引导孩子体会色彩的美妙，支持大胆用色；在构图上，引导感知前后空间，传授表现主次的简单技法。

（十一）《两个小女孩》

图 7-51 是一名大班女孩的画作。

图 7-51 《两个小女孩》

"在午睡前自由活动的时间里，这个幼儿看到许多小朋友在画画，于是就拿了铅笔和画纸找了个位置坐下和大家一起画。"从中可以看出，作者的绘画动力主要来自周围环境的影响，同时自身对绘画并不排斥。

"下笔前，她问了周围的小朋友：'你们想要画什么？'有几个小朋友回答'小蓝'（小蓝是一本故事书中身着蓝色衣服长得十分好看的小女孩），有几个小朋友回答'城堡'。她想了一会儿后说：'我要画一个城堡。'接着迅速在纸的右上角用铅笔勾勒出了一个城堡，但是这个城堡歪歪扭扭，她很不满意，就找来橡皮把它擦掉了，之后改变主意开始画小蓝。"从中可见该幼儿已具备在作画前进行构思的意识，但自主性与独立性薄弱，与其绘画动机的来源共同体现了较强的从众心理。对于这种特别容易受到周围环境影响的幼儿，教师要着重引导自我意识在绘画活动中的表现，鼓励独立思考，善于发现她的思想火花，及时予以肯定支持。另外，孩子否定了自己画出的城堡，会用橡皮将其擦除，一来说明她已经具备正确使用铅笔橡皮的能力，二来说明具备了绘画中的自我评价与反思能力，但将歪歪扭扭的城堡判断为不好，又有被灌输了造型工整才是好画的嫌疑。最后改为画小蓝，可见孩子的构思是不稳定的，在绘画中遇到困难选择了逃避，教师要引导她直面困难，及时予以指导和帮助。

"幼儿首先在白纸的下方画了一条向上凸起的弧线作为大地，然后按照从头到脚的顺序先画出右边浇花的小女孩，接着思考片刻后又在其左边画了个手拿气球的小女孩，所有线稿完成后，她在众多画笔中选择了离得较远的红色水彩笔，给其中的一个心形气球进行涂色，此时午睡时间到了，她有些不舍地将画收了起来。"画一根线当作地平线，将地表的事物排列在上面，这是幼儿绘画中常见的并列式构图。从两个小女孩的造型过程中可见该幼儿画人已形成一定顺序。通过长头发和穿裙子来表示女性，又在发型、表情、衣服细节、动作等方方面面加以区别，说明作者已具备在绘画中区分同类事物的能力。在涂色时，选用离得较远的红色水彩笔，说明是刻意为之，红色是她最中意的颜色；先给心形气球而非人物涂色，说明心形气球是整幅画中她的最爱，这种主观喜好远高于画面的主次关系。最后不舍地将画收起，说明作者已投入绘画，不愿被中途打断。

（十二）《牛》

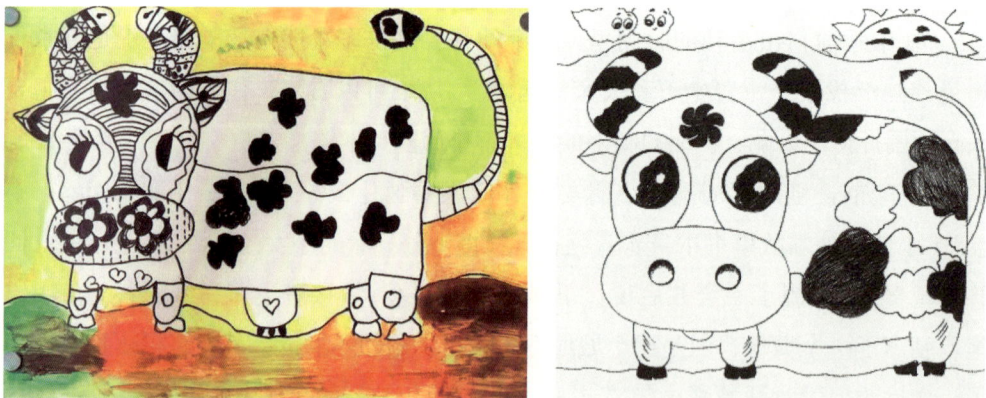

图7-52　幼儿作品（左）和范画（右）

牛这种动物，曾是普通家畜，也常在儿童文学作品中扮演角色，而今对于城里的孩子来说在现实生活中却是难得见到实物的。图7-52中左边这幅画由一个大班幼儿所作，是在老师向其出示了一些牛的照片和关于牛的绘画作品后完成的，对比右图有明显的模仿痕迹，表现出孩子喜欢且善于模仿的特性。当然我们的教育者可不满足于孩子的模仿，而是先引导他们通过看图分析牛的结构特征，在孩子们陆续对牛角，牛尾巴、牛鼻子予以观察并有一定了解后，再进入绘画环节。既要预防孩子们呆板不动脑筋地照搬照抄，又要避免因遗忘对象的结构特征而阻碍表现，于是教师将照片与图画在多媒体上滚动播放。此次活动中教师将重点放在鼓励幼儿进行自由的装饰性描绘和大胆想象上，将画错的部分进行覆盖修改。这幅画的小作者是从牛的头开始画的，在绘画的过程中注重线条的规律性和图案的对称性，符合她做事力求细致工整的心理。

（十三）《全家福》

图 7-53 《全家福》

图 7-53 是大班幼儿画的全家福，构图上采用了上下一致的垂直式，表现了生活中最简单的方向关系，表明幼儿能够表现事物的空间关系，但还很初级；没有表现人物活动，三个人物各自独立，没有明显的动作变化。画中的一家三口都是双臂平举与躯干呈水平垂直角度的全正面人物造型，有着相同的面孔和结构，作者极力通过大小与着装区分人物身份，中间那个最小的是自己，左右两边较大的分别是爸爸和妈妈，自己和妈妈穿着三角形表示的裙装。人体结构中花形的手掌格外醒目，一来因其在人体中的硕大比例，表明幼儿的思维是局部的，进入到准确描画手指数量的细节中便忽略了整体比例关系；二来表现了幼儿对手的注意程度，较其他结构描画复杂，用形最多，用线最密集。人物是简单几何形状的结合之形，离开绘画语境，各部分无法与再现对象相联系，体现了幼儿形象初期的人物造型特点。画面中的五角星与心形与幼儿彩色画中常常出现作者主观偏爱的颜色相同，是幼儿喜爱的

图形，每个人物都平均地分得一颗五角星和一颗心形，在这里还能表达小作者对家人的"爱"。

从画面来看，孩子具备对人体大结构的了解与基本造型能力，但缺乏印象深刻足以在绘画中体现个性特征的有效经验，教师应当在观察、比较、体验上予以引导。

（十四）《树》

图7-54 《树》

图7-54这几幅是大班幼儿创作的以"树"为主题的综合材料绘画。整体思路是在用绘画工具表现出树的基本结构后，粘贴点、线、面状的其他材料，使画面的材质语言与色彩更加丰富，给人平面与立体、绘画材料与特殊材料相结合的新奇视觉感受。

在集体同步活动中产生的这四棵树形态各异，选用的材料与材料的具体使用方法也大不相同，这既说明教师的活动组织策略较为成功，又说明这些大班幼儿已具备独立构思的能力与探索工具使用方法的意识。从构图上看，四幅画较为统一地采用了简单表现上天下地二维空间关系的并列式和运用树的位置、大小、细部表现与完整程度来突出其主角地位的中心主体式相结合。从色彩上看，较多固有色的运用，比如棕色树干、绿色树冠、绿色草地、红色太阳等，除此之外的彩点部分体现了用色的主观性，表现出装饰效果。

（十五）《树林》

图 7-55 《树林》

在图 7-55 这幅大班幼儿的画中错落着大大小小许多树，左下角还出现了前后遮挡技法，从中能够看出作者极力想要通过运用近大远小的透视规律在二维画纸上再现三维空间。但这种空间意识不像是自发的，画面中的空间关系在整体上表现为混乱状态，很多树被孤立地摆在纸上，甚至有的画得与云朵齐高，一些相互重叠部分的轮廓仍被完整描画出来，右下角的几棵树还被表现为与基本透视规律相悖的近小远大。在造型方面，多数枝干由 V 形或 U 形对矩形进行分割而来，树干上的螺旋纹简单对称分布，从涂色上表现出不能准确区分枝丫与树叶，也就是说这种树干的画法带有很强的模仿痕迹；树冠与云朵由大量弧线与曲线构成，富有变化，给画面平添了一份灵气。在色彩方面，除了表现一些常见事物的固有色，玫红色树干、蓝色树叶、肉色太阳等多处体现主观装饰性，画面色彩丰富，符合大班幼儿用色特点。

（十六）《我帮妈妈打伞》

这是一次大班的集体绘画活动。活动之初，老师引导幼儿围绕"我与父母的一件事"展开回忆，接着教小朋友们画人物形象，示范了正、侧面等造型，最后请小朋友们将各自与父母之间发生的故事描绘出来，老师巡回指导。

图 7-56 是一个女孩的作品，从整体上看画面饱满、造型完整、色彩丰富。"我

图 7-56 《我帮妈妈打伞》

帮妈妈打伞"的情节表现得清晰可辨，两个人物形象结构完整，在动态、发型、衣着的表现上各不相同。值得注意的是侧面的"我"，是通过侧脸与双臂画于身体同侧来示意的，头发、身体与腿部仍是正面的角度，甚至连衣服的花纹都还是严格的左右对称式，涂了淡黄色的双臂下面透出头发的完整轮廓，可见孩子在处理人物侧面造型上还是比较生疏的，对空间的前后遮挡正在初步探索中。"我"打伞与"妈妈"提物品的动作虽是通过将伞与物品画于手旁来示意的，但"我"的双臂是高举向需要被打伞的"妈妈"这一侧的，"妈妈"提物的手臂是向下的，这些动态又很生动准确，所以孩子基本是能够表现人物间复杂的相互动作关系的，这在幼儿期是不常见的。用色以明快的暖色为主，涂色细致均匀，鲜有涂出轮廓线的情况；肤色、发色、嘴巴、眼睛、雨滴均是对客观色彩的再现，衣着用色丰富，有装饰效果。

（十七）《我的小学》

图 7-57 是一幅以"我的小学"为主题的大班幼儿想象画。在开展此次绘画活动之前，老师有带孩子们参观过小学，所以绘画主题的设定是建立在经验基础之上的。

图 7-57 《我的小学》

　　画面结构清晰，中部是一大块拱形的棕色色块，里面有三个正面的小人双臂展开排成一行，上面是底下留白的一组苹果，其余部分黑色打底，有可识别的星星与月亮。通过与作者交流得知，他画的是小学操场上的一棵结了很多苹果的大树，大家都可以爬上去摘果子吃；拱形的棕色块是一个巨大的树洞，有好多小朋友在树洞里拿着天文望远镜看星星。"天黑的时候，大家都会躲在树洞里数星星，看，有好多星星，1、2、3……"

　　孩子所描述的爬树摘果子的场景并未在画面上用视觉符号呈现出来，我们能看到的仅仅是对许多苹果的描绘；树洞里很多小朋友拿天文望远镜看星星的场景也只是通过三个小孩正面平举双臂与望远镜排成一行来示意，说明孩子仍处在借物表现动作的阶段。棕色树干、红色苹果、黄色的月亮与星星、黑色的夜晚，这些均是遵照事物客观色彩来表现的；在能够自由发挥主观色彩喜好的人物着装与望远镜上，孩子并未选用很多色彩去表现，只是重复使用淡黄、橘黄与粉红色对结构略加区分。若干星星均处于望远镜镜头所朝一侧，并被自上而下排列，这表明孩子对空间的认识还是局部的，也使得画面童趣盎然。

（十八）纸盘画

图7-58　五彩的大自然

图7-59　向日葵

图7-58是一幅大班小朋友所作的纸盘画《五彩的大自然》。从画面中可以看出作者对使用色彩有浓厚兴趣，大红、粉红、黄、绿、蓝等鲜艳明快的颜色齐上阵，将树木、天空大胆描绘成自己喜爱的颜色，淋漓尽致地表达了"五彩"的主题，造型不拘小节，富有孩童天真烂漫的稚气与活泼的创造力。鲜艳的背景色在明度与纯度上与树木形成对比，使之主次分明，可见作者已经具备使用色彩关系区分主体与背景的能力。在技法上，由于颜料调水较多，画面中出现偶然的流淌、混色，这种尝试对孩子来说具有游戏性和趣味性，很好地实现了寓教于乐。

图7-59是另一个大班孩子的纸盘画《向日葵》，其严谨的绘画风格与写实的用色特点与左图形成了显著差异。在动笔前，孩子已有明确构思，能够按照自己向旁人介绍的主题由始至终顺利完成；在作画过程中十分有条理，每一笔都很有目的性，没有涂改。在用色上，选取了向日葵的客观颜色——黄色，描画主体花朵并装饰纸盘边缘，用其类似色黄绿描画草地，邻近色绿色点缀花蕊与小草，极少数的红色点缀小花，画面色彩协调，色调统一。

两幅画孰优孰劣不可简单地凭成人的喜好判断。孩子们的作画方式有所不同，一个将纸盘立起，另一个平放于桌面，这样导致一个画面色彩流淌交织，充满不确定性，造型含糊；另一个将色彩有效控制在既定的描画位置，形象清晰，结构完整。两幅画的侧重点也是不同的，前者重在运用丰富的主观色彩表达自我感受，后者重在描画客观现实表现具体物象，甚至还能看出两个孩子的性格大体是偏感性与偏理性两类的。总之，只要是她们大胆表现与创造了各自用心去感受和发现的美，我们都应予以肯定。

（十九）《夏天》

图7-60 《夏天》

本次大班绘画活动，老师通过列举夏天里的常见事物，比如沙滩、阳光、冰淇淋、荷花等来引导小朋友们用马克笔创作一幅和夏天有关的画。

图7-60中作者没有按活动提示进行绘画，而是表现了一群小朋友在操场上玩耍的场景，因此纯粹从绘画内容来看难以体现"夏天"这一主题。我们只能推测，这是一次发生在夏天的户外活动，它给作者留下了深刻印象。

虽据作者介绍所画内容为户外活动，但人物均为正面站立的静态，未能表现出该有的动态与相互之间的联系。人物造型结构完整，但具有模式化的特点，除大小、身体部分的矩形与三角形、有无头发这些细微差异外，其余结构均是一模一样的，体现了作者尚处在仅能自主表现一类人物造型的阶段，这种复制的做法给幼儿带去便利的同时限制了观察、记忆与想象。人物身旁的数字代表他们的学号，其中2号、9号人物的胳膊与其他各部比例严重失衡，体现了幼儿局部的绘画思维习惯。

（二十）《小学教室》

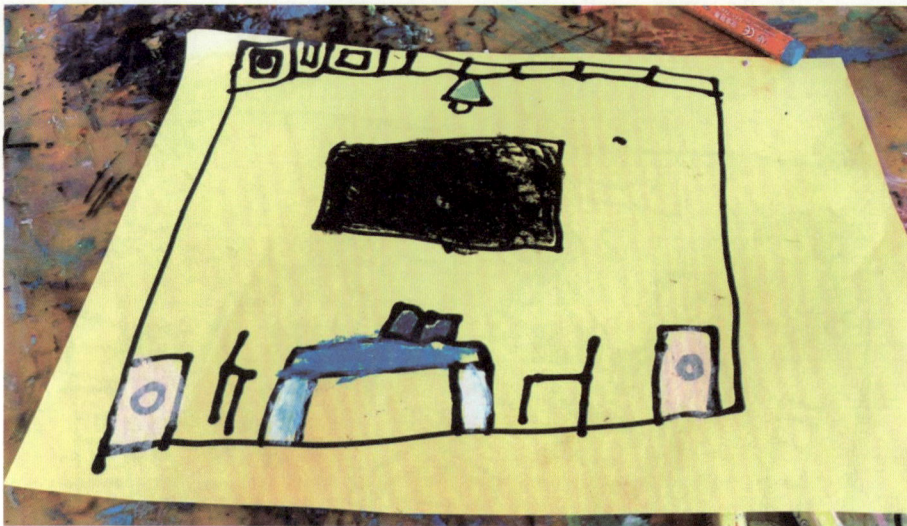

图 7-61 《小学教室》

图 7-61 是一个大班幼儿创作的关于小学教室的想象画，他首先在纸上画了一个大四边形用来明确教室的范围，接着沿四边形的顶部边缘线画了一排小四边形，据介绍这是柜子，然后在左上角的三个小四边形里面画了几个更小的四边形，分别代表笔、橡皮和作业本，而后又画了一个黑板，一张上面放了本书的桌子，在桌子两侧画了相向的两把椅子（因为幼儿园都是很多小朋友围坐在一张桌子旁的），两扇大门和一盏灯，最后将黑板按实际情况涂成黑的，其他物品则涂上了自己喜欢的颜色。

这幅画在空间表现上格外富有童趣。通过摆放在最高处那排柜子上的文具可以看出，它们是被俯视的，而紧挨着的吊灯和中间的黑板、下排的椅子、门又都是平视的，蓝桌子是多面变形的，这样移动的、多角度表现空间里的事物正是幼儿在平面上探索立体效果这一伟大进程中的特色。

从这幅画中我们还能看出，它集合了作者的想象（内容）、生活经验（桌椅的布局）、理性认知（黑色黑板）与主观意志（自选之色），是理性与感性结合的产物。

（二十一）《小熊过桥》

图7-62　《小熊过桥》

图 7-62 是大班幼儿根据儿歌《小熊过桥》创作的图画。

小熊过桥

小竹桥，摇摇摇，有只小熊来过桥。立不稳，站不牢，走到桥上心乱跳。头上乌鸦哇哇叫，桥下流水哗哗笑。"妈妈，妈妈你来呀，快把小熊抱过桥！"河里鲤鱼跳出水，对着小熊大声叫。"小熊，小熊别害怕，眼睛向着前面瞧！"一二三，向前跑，小熊过桥回头笑，鲤鱼乐得尾巴摇。

在内容上，幼儿描画了儿歌中出现的众多主要形象，唯独没有表现乌鸦，我们推测这种情况有两种可能，一是孩子对儿歌内容记忆不全，二是对乌鸦过于陌生，无法将其用合适的图形表现出来。在材料上，用了马克笔、彩铅和轻黏土，平面与立体相结合，丰富了幼儿对不同美术材料的经验与动手能力。

从这幅画里可以看出，作者具备一定的观察能力，能够识别基础颜色，体现已有经验，比如河水是蓝色的，且区别相近颜色的能力逐步发展，不仅能够使用不同明度的蓝色表现河水，而且能够按由深到浅的规律进行排列。还可以看出作者想象力发展迅速，不会被固有的事物所限制，比如教师引导的儿歌里只有一条鲤鱼，但他画了大小不一的数条，使整个画面变得更加的充实。除此之外，作者精细动作发展较好，线条果断没有迟疑停顿，能将颜色涂在形象轮廓之内。另外，空间意识有所发展，虽然小熊、鲤鱼与水纹的关系还是透明的，但能够准确表现被小桥与水纹的遮挡关系；在空间表现上将注意力全部集中在水面，不再是常见的将纸的上下分为天地；有选择性地变换视角，从最容易表现对象特征的角度加以描绘，同时存在平视的小熊、鲤鱼和俯视的小桥、河流。

幼儿对色彩的感知与兴趣各不相同，图中作者将河水描画成固有的蓝色，也有些幼儿把河水画成其他主观颜色，各有各自的想法和创造。过程中老师留给幼儿足够的空间与自由，鼓励按照自己的想法进行创作。

（二十二）《植物架》

图 7-63 《植物架》

在观察植物角时，图 7-63 的小作者，一个大班男孩，被架子上的一朵小花吸引了，他首先想到要用相机拍下来，但没有条件，随即拿来了画纸、马克笔和蜡笔，决定将其画下来。他先用马克笔在纸上画了一个大大的矩形表示植物架的外轮廓，接着在其中画了 4 根横线表示架子的隔层，并自言自语道："开花的小盆在第三格，第一格是没放植物的。"于是他先在第三格中央画了一朵小花，并迫不及待地给小花涂上了黄色，接着把剩余植物画完整，待所有植物的轮廓都被画好后，用蜡笔自上而下、从左到右逐一着色。虽然从画面上看，这幅大班孩子的画并不算有多优秀，构图偏右，植物造型简单，重复率高，甚至连植物架都是歪歪扭扭的，但从作画过程看，我们不禁要赞叹孩子分析与解决问题的能力。比如孩子惊喜于植物开花并想到将其定格下来，但因条件所限，他便主动采取绘画的方式，这既说明他非常热爱自然、热爱生活，又说明他能够变通，利用现有材料与已有经验达成目标；当他发现格子画得太矮容不下植物时，就会主动把茎画成弯的；又明白最高层的植物向上生长不会影响其他植物的所处空间，便把它们大胆地画出格子，并表示它们的叶子会长得越来越高；在涂完第二排第二个植物后他意识到颜色太单一了，于是换了一种绿色，后面几排植物由不同的绿色组成，色彩就相对丰富了。另外，从植物架开始下笔，明白植物与架子的关系，说明孩子具备了一定的整体与空间概念，但在隔层的分割与植物的比例上未建立很好的联系，导致出现后续画不下的情况；接着能够运用数学知识分析开花植物的位置，并率先将其画完整，花朵的用色在画面中也是独一无二的，表现出强烈的主次意识。综上所述，这幅自由绘画还是非常值得赞赏的。

附录
参考教案

小 班

印画《我的小小手》

一、活动目标

1. 知道改变手势会印出不同外形；

2. 了解印画的基本技法，能够变化手势进行印画；

3. 感受手印画带来的乐趣。

二、活动准备

水粉画工具与材料、画纸、油画棒、毛巾。

三、活动过程

（一）问题导入，调动活动兴趣

教师：小朋友们，今天有几位小客人要来和我们的小手做游戏。你们想不想知道它们是谁呀？

教师出示红、黄、蓝、绿、紫五种水粉颜料。

教师：看，是五位颜料宝宝。大家还记得它们叫什么名字吗？请小朋友来说一说。

（二）教师示范手掌印画

教师：颜料宝宝到底想要和你们的小手做什么游戏呢？接下来请大家先来看一看老师是怎样和它们做游戏的吧！

演示基本步骤：用水粉笔蘸取自己喜欢的颜色平涂在手上，可以是一种颜色，也可以是多种颜色，再把涂了颜色的部分压印在白纸上，通过变换手势压印出不同的图形，需要换色时用毛巾把手上的颜料擦干净。

（三）幼儿在纸上自由印画，教师巡回指导

教师引导幼儿尝试比较颜料的干湿度、压印力度的大小对印画效果的影响，观察重叠部分的色彩变化、不同手势不同部位的压印形状，最后可自主选择油画棒进行想象添画。

（四）欣赏交流

请幼儿来说一说他们在压印过程中的新发现、新体验，请进行添画的幼儿给大家介绍一下画面内容。

印画《小白兔的花衣赏》

一、活动目标

1. 复习印画，知道印画结果与印画材料的形状及表面的凹凸起伏相关；

2. 能用印画的方式装饰兔子衣服；

3. 体验使用不同材料进行印画的乐趣。

二、活动准备

印有穿衣小兔轮廓的画纸，红、橙、黄、绿、蓝、紫色自制印泥（将吸满颜料的海绵块放置在不锈钢碗内）、报纸、纸团、雪花片、菜帮、树叶。

三、活动过程

（一）儿歌导入，调动兴趣

教师带领幼儿表演儿歌《小白兔白又白》。

教师：小白兔真可爱，但它最近不太高兴，因为它非常想要一件有鲜艳色彩和漂亮花纹的花衣服，我们一起来帮帮它，好吗？

（二）教师演示讲解

教师：小朋友们都很热心，真棒！你们想到了哪些好办法呢？

教师：可是老师今天只带了报纸、纸团、雪花片、菜帮、树叶和吸满颜料的海绵宝宝，这可怎么办呢？

教师：小朋友们还记得在之前的美术活动中，我们是用了哪种方法和颜料宝宝们做游戏的？（印画）

教师：请小朋友们联系印画的办法，开动小脑筋，猜一猜这些新材料可以怎么

用?（请幼儿说一说）

教师分别演示用平整的报纸和纸团蘸取颜料在白纸上进行印画，请幼儿比较印画结果。

师幼共同小结：表面有凹凸起伏的物品才能印出花纹。

教师：有没有小朋友想要尝试用另外几种材料在纸上进行印画的?

请幼儿试一试，将印画结果排成一列，观察印画上的形状、纹理与实物之间的联系。

（三）幼儿印画

分发印有着衣兔子轮廓的画纸给幼儿，要求选择自己喜欢的颜色，尝试用教师提供的各种材料在衣服轮廓内进行印画。

幼儿印画，教师巡回指导蘸取颜料的方法，印画的力度与角度。

（四）欣赏评价

集中展示，先请幼儿来评一评哪幅画中的小兔新衣最漂亮，并说说原因，再请作者说一说用了哪些物品、哪些颜色进行印画。

（五）活动延伸

请幼儿回家找一找，还有哪些物品可以用来印画。

印画《春之树》

一、活动目标

1. 了解春天树木的色彩特征，认识多种绿色；

2. 能够自主选择多种材料印画绿色调的树冠；

3. 感受春天树木的蓬勃生机，体验使用多种材料印画树冠的乐趣。

二、活动准备

1. 经验准备：知道四季，认识树木和绿色，初步掌握印画技法。

2. 物质准备：瓶盖、纸团、雪花片、枯树叶、印有树干树枝的画纸、抹布、各种绿色印泥、春天的树、儿歌《春天在哪里》。

三、活动过程

（一）儿歌导入，激发兴趣

教师：老师今天给你们带来了一首好听的歌曲，请小朋友们闭起眼睛、竖起耳

朵仔细听，谁来了？（教师播放儿歌《春天在哪里》）

（二）园中寻找春天，了解春天树木的色彩特征

教师：现在正是什么季节呀？你们想不想去教室外面找一找，看看春天躲在我们幼儿园的哪些角落里？

教师：春天来了，小树长出了嫩嫩的新芽，请仔细观察它们是什么形状和颜色的。（黄绿、淡绿、浅草绿、翠绿）

（三）展示印画材料，鼓励幼儿尝试

教师：老师今天带来了许多材料，我们一起来看一看分别是什么吧！瓶盖、纸团、雪花片、枯树叶，还有各种绿色的印泥，那么如何使用这些材料给我们纸上光秃秃的树枝添上漂亮的嫩芽呢？请想到的小朋友举手说一说，并勇敢地上来试一试。

教师总结印画注意事项。

（四）幼儿创作，教师巡回指导

教师：接下来就请你们挑选自己喜欢的材料印画出各自心中的春之树吧。要求使用两种以上不同的材料和绿色。

（五）提示创作结束，展示分享作品

教师：请几位小朋友来介绍一下自己的作品，说一说用了哪几种材料，哪几种颜色。为什么用这些材料和颜色？不同材料的印痕有什么区别呢？分别像什么？

棉签画《游来游去的小蝌蚪》

一、活动目标

1. 知道小蝌蚪的游泳方向与尾巴的位置相关；

2. 能用棉签"一蘸一点一拖"画出小蝌蚪；

3. 体验使用棉签画出小蝌蚪的成功与乐趣。

二、活动准备

1. 经验准备：幼儿观察过自然角的小蝌蚪，能够抓握棉签进行作画。

2. 物质准备：水粉颜料、棉签、画纸、小蝌蚪若干。

三、活动过程

（一）谜语导入，激发兴趣

教师：老师今天给你们带来了一个有趣的谜语，谜底是一种可爱的小动物，你

们想不想知道它是谁啊？那么请竖起小耳朵认真听好咯：身子像个小逗点，摇着一根小尾巴，从小就会吃子了，长大吃虫叫哇哇。

教师：对啦，就是我们可爱的小蝌蚪。瞧，它们摇着小尾巴来我们教室做客啦！

（二）分组观察，个别扮演，充分感知

教师：请用你们的眼睛仔细观察小桌子上摆放着的小蝌蚪，然后说一说它们长什么样，主要由哪几部分组成，是什么颜色的，它们在水里是怎么游泳的，会朝哪些方向游泳。

教师：请几位小朋友来演一演朝不同方向游泳的小蝌蚪。（进一步认识小蝌蚪的游泳方向与尾巴的位置相关）

（三）展示作画材料，演示基本步骤

教师出示棉签和水粉颜料。

教师：小朋友们，现在请你们开动小脑筋想一想，怎样使用棉签来画小蝌蚪呢？请想到的小朋友上来试一试，比一比谁的方法最好。

教师总结：棉签用来蘸取颜料，蘸的颜料要稍稍多一些，然后在纸上点出小蝌蚪的身体，最后再一拖，拉出它的小尾巴。"一蘸一点一拖"，一只可爱的小蝌蚪就出现啦。

（四）幼儿创作，教师巡回指导

教师：小蝌蚪游泳本领高，能够灵活地朝不同方向游去，接下来请大家动动小手，用棉签蘸取自己喜欢的颜色，在画纸上"一点一拖"变出朝不同方向游泳的小蝌蚪们吧。

提醒幼儿在使用棉签和颜料时注意安全，尤其远离眼睛。

（五）集中展示，欣赏评价

教师：请小朋友们来说一说你最喜欢谁的小蝌蚪，为什么？比一比哪幅画中的小蝌蚪最灵活，你是怎么知道的？它们分别是朝哪些方向游泳的？

油画棒画《苹果》

一、活动目标

1. 熟悉苹果的结构特征；

2. 能够先用圆形表现苹果的外形，再用平涂法涂色；

3. 感受用各种颜彩创造性地表现苹果的乐趣。

二、活动准备

勾线笔、油画棒、画纸、一袋苹果（袋子不透明）。

三、活动过程

（一）摸摸猜猜，调动活动兴趣

教师：今天老师带来了一个神秘的袋子，请小朋友先来摸一摸，猜猜里面是什么。每个人都可以来摸一摸，但要把答案藏在心里。

教师组织幼儿有序触摸袋中苹果。

教师：小朋友们都摸过了，你们猜出里面是什么了吗？请猜到的小朋友举手告诉老师。（苹果）

（二）观察苹果，了解外形特征

教师打开袋子，取出一红一绿两个苹果。

教师：瞧，是苹果。小朋友们都答对了，你真棒！接下来老师要请几位小朋友来说一说，你是通过什么判断它是苹果的？（圆圆的、有蒂、有凹槽）

教师：我们可以用什么图形来表现苹果的外轮廓呢？（圆形）

教师：小朋友们再仔细观察一下，这两个苹果有什么不同？（颜色）

教师：你们还看到过哪些颜色的苹果？（黄色的、紫红色的……）

（三）幼儿绘画，教师巡回指导

教师：今天老师给你们准备了油画棒，接下来我们就一起来画一画不同颜色的苹果，好不好？

教师：请小朋友们先用勾线笔在纸上画出苹果圆形的外轮廓，接着添画苹果蒂，再涂上你看到过的苹果的颜色，或选择你喜欢的颜色进行涂色。为了把颜色涂得均匀些，先顺着轮廓边缘慢慢涂，再在内部朝同一方向涂。你们觉得可以朝哪些方向涂色呢？（横着涂、竖着涂、斜着涂）

教师：小朋友们下笔前要先想好准备画几个苹果，如果只画一个，那么要把苹果画在画纸中间，画得大一些。

（四）分享评价

师幼一起欣赏作品，评一评谁的苹果最漂亮、看起来最好吃，找一找原因。请幼儿说一说自己的绘画过程与用色意图。（红色、黄色，成熟、香甜；绿色，未熟、酸；紫色、褐色、黑色，烂苹果、苦……）

油画棒画《青团》

一、活动目标

1. 了解清明节吃青团的习俗；

2. 能用同心圆表现青团切面的结构特征，用不同颜色表现青团馅儿；

3. 体验设计青团的乐趣。

二、活动准备

蛋黄、红豆、绿豆、芝麻四种口味的青团，油画棒、画纸。

三、活动过程

（一）提问导入

教师：小朋友们知道明天为什么要放假吗？（清明节）

教师：清明节是我国的传统节日，有谁知道我们会在这一天做些什么呢？（扫墓、踏春）

教师：小朋友们回答得都很不错。但是除此之外，我们还有吃青团的习俗。

（二）认识青团，了解青团切面的结构特征

教师出示青团。

教师：这就是青团，请你们仔细观察，说一说它是什么形状、什么颜色的。（圆形、绿色）

教师：你们想不想知道青团里面长什么样？

教师用小刀将不同口味的青团对半切开。

教师：青团切面能看到哪几部分？它们是什么形状的？（皮和馅儿，都是圆形，一大一小，大圆包裹小圆）

教师：馅儿是什么颜色的？请你们根据颜色猜测它们是什么口味的。

教师：请小朋友尝一尝，说一说它们究竟是什么口味的？（每位幼儿都参与品尝）

教师小结：切开的青团至少有两个圆组成，外面的大圆是绿色的青团皮，里面的小圆颜色各异，黄色的是蛋黄味，红色的是红豆味，绿色的是绿豆味，黑色的是芝麻味。

教师：你们还想吃到哪些口味的青团？它们会是什么颜色的？（草莓、菠萝、葡萄、花生、玉米……）

（三）幼儿绘画，教师巡回指导

教师：小朋友们都了解青团了，接下来请你们用油画棒画一画切开的青团，用不同的颜色给青团馅儿涂色，设计出你最喜欢的口味。

提醒幼儿把青团画得大一些，支持幼儿用点和简单图形表现青团馅儿。

（四）欣赏评价

请幼儿围成一圈欣赏同伴的绘画，请几位幼儿介绍一下自己的青团。

（五）活动延伸

组织幼儿用彩泥制做青团。

油画棒画《五颜六色的花》

一、活动目标

1. 了解花朵的基本结构；

2. 认识色彩，能用油画棒画出不同颜色的花；

3. 感受大自然的色彩魅力。

二、活动准备

花朵照片、油画棒、画纸。

三、活动过程

（一）认识花朵

教师带领幼儿到户外欣赏多种多样的花朵，请幼儿观察花瓣的形状、花朵的颜色，说一说它们的名字。

（二）教师讲解

返回活动室，教师出示之前幼儿在户外观察过的花朵图片，总结它们的外形、色彩特征，并指出花瓣围绕花蕊生长的结构特征。

（三）幼儿作画

要求用油画棒画出多种颜色的花，可以表现观察到的颜色，也可以使用自己感兴趣的颜色，还可以画想象中的颜色。

（四）欣赏评价

集中展示绘画作品，评一评谁的花朵颜色最丰富，用了哪些颜色。

油画棒画《美丽的家》

一、活动目标

1. 关注自己的家，感受家园环境的美；

2. 能够运用简单形状、喜欢的颜色绘画美丽的家。

二、活动准备

家园环境视频、油画棒、画纸。

三、活动过程

（一）视频导入，激发兴趣

教师：小朋友们，老师有个很美丽的家，老师很爱这个美丽的家，你们想不想去参观一下呢？

播放视频，请幼儿说说老师的家美在哪里。

教师总结：小区环境整洁、绿化茂盛美观、楼房坚固安全、家庭和睦温馨……

（二）幼儿描述自己的家

教师：小朋友们都参观过老师的家了，老师也很想参观一下你们的家，由于时间关系，先请几位小朋友来描述一下各自美丽的家。（引导说出房子的形状、结构，周围环境与色彩。）

（三）幼儿创作

教师：接下来请大家用画笔把美丽的家画在纸上供老师和其他小朋友们前去参观，好吗？

教师指导幼儿绘画简单形状，提醒幼儿使用多种色彩，鼓励幼儿回忆并添画周围环境。

（四）欣赏评价

集中展示作品，请大家一起来评一评谁的家最美丽，为什么。

（五）活动延伸

利用废旧纸盒与家长一起制作自己的家，并在班上举办"美丽的家"展览会。

选取几位小朋友，携全班幼儿到他们美丽的家中做客，学习做客礼仪。

综合材料画《美丽的树叶》

一、活动目标

1. 感知不同材料的特性；

2. 能够创造性地装饰叶片；

3. 树立共享与节约意识。

二、活动准备

树叶、黏土、吸管、小木棒、海绵球、小绒球、纽扣、玩偶小眼睛。

三、活动过程

（一）看一看

教师出示多种树叶，请幼儿观察它们的形状颜色，回忆并说一说已知如何运用树叶作画。（树叶贴画、拓印画……）

（二）想一想

教师出示多种材料，告知幼儿今天是要用这些材料在叶片上作画，请幼儿想一想可以怎么做。

教师总结：先将黏土铺在树叶上，利用黏土的黏性把各种轻巧的材料固定在叶片上，可以在树叶上做出具体的事物，也可以只是给它穿件花衣裳。

（三）做一做

教师分发材料并提出要求：一人挑选一片树叶，黏土一次不要拿太多，材料是大家共享的，不要争抢，不要浪费。

教师着重指导无从下手或者创作中遇到困难的幼儿。引导他们先构思，注意黏土在树叶上平铺的面积大小，色彩的搭配以及材料的丰富程度。

（四）评一评

悬挂展示幼儿作品，大家一起评一评哪幅作品最好，好在哪里。请幼儿说一说自己的作品，包括自己当时是怎么想、怎么做的，用了哪些材料等。

请幼儿和老师一起整理桌面，将材料归类放置。

综合材料画《猜猜他是谁》

一、活动目标

1. 认识脸型与五官特征，能用线条简单画出脸型轮廓；

2. 感知上下左右，能根据自己的五官特征选择五官小卡片并准确摆放；

3. 体验创作自画像的乐趣。

二、活动准备

小镜子、油画棒、画纸、教师制作的五官小卡片、固体胶。

三、活动过程

（一）问题导入，激发兴趣

教师：小朋友们，你们见过自己的样子吗？了解自己的长相特征吗？如果想要知道自己长得什么模样，有哪些好办法呢？（照镜子、照相、找朋友帮忙看……）

（二）感知方位，观察特征

教师分发小镜子给幼儿，请小朋友们通过照镜子仔细观察自己的脸，引导大家说一说脸部轮廓形状、胖瘦，五官的数量、大小、上下左右方位。

（三）幼儿创作

首先，请幼儿在纸上用油画棒以线条的形式画出自己的脸部外轮廓。教师提醒幼儿画大、画满，为后续添加五官做好准备。

其次，请幼儿根据自己的五官特征选择相应的小卡片，并将它们一一粘贴在画好的脸部轮廓内。

（四）欣赏评价

将作品打乱并集中展示，请大家一起猜一猜每幅作品表现的都是谁，哪幅最像，为什么。

（五）活动延伸

在美术角区，教师提供长短不一、颜色各异的毛线供幼儿选择，可粘贴、可编辫……为他们的头像设计新发型，锻炼手部小肌肉。

水彩笔画《可爱的小鸡》

一、活动目标

1. 了解小鸡的基本结构与外形特征；

2. 尝试用水彩笔画出小鸡；

3. 感受小鸡的可爱，萌发亲近、爱护小动物的情感。

二、活动准备

小鸡照片、叫声音频，水彩笔，画纸。

三、活动过程

（一）听听猜猜，趣味导入

教师：小朋友们，老师今天给大家带来了一位可爱的新朋友，你们想不想知道它是谁呀？那请它和你们打个招呼吧。听，谁来了？（播放小鸡叫声音频）

先请幼儿猜一猜这是哪种小动物的叫声，接着出示小鸡照片，请幼儿模仿小鸡的叫声，并说一说打招呼的具体用语。

（二）观察外形，认识小鸡

教师：小朋友们都熟悉小鸡的声音了，那它究竟长得什么模样呢？有哪些特征呢？

引导幼儿仔细观察小鸡的外形，用语言简要描述结构、颜色、喙与爪的形状，感知"尖尖的""细细的""圆圆的"等结构特征。

（三）自主绘画，大胆表现

幼儿绘画时，教师展示不同动态的小鸡照片供幼儿参考，引导幼儿大胆想象，并表现小鸡在哪里、做什么。

（四）交流展示，评价作品

集中展示作品，请幼儿互相介绍自己的画，评一评谁的小鸡最可爱。

中班

粉笔画《漂亮的蝴蝶》

一、活动目标

1. 了解蝴蝶的外形特征；

2. 能用粉笔在地面上大胆表现蝴蝶的外形，并用自己喜欢的颜色和不同的图形对蝴蝶翅膀进行装饰；

3. 感受蝴蝶翅膀花纹的美，体验用粉笔在地面作画的乐趣。

二、活动准备

1. 经验准备：

（1）蝴蝶是中班幼儿熟悉的昆虫；

（2）中班幼儿已具备运用线条、图形与色彩进行绘画的基本技能。

2. 物质准备：

（1）儿歌《毛毛虫变蝴蝶》；

（2）蝴蝶照片若干；

（3）彩色粉笔若干；

（4）空地一块。

三、活动过程

（一）儿歌导入，激发活动兴趣

教师朗诵《毛毛虫变蝴蝶》的儿歌，通过生动的儿歌引起幼儿关注，激发活动兴趣，导入绘画主题。

毛毛虫变蝴蝶

毛毛虫，长得胖，长着吓人怪模样。

忽然一天变蝴蝶，身穿花衣真漂亮。

（二）观察照片

1. 了解蝴蝶外形特征。

教师：老师刚才念的这首儿歌告诉我们毛毛虫长大后会变成什么呀？（蝴蝶）

教师：小朋友们都见过蝴蝶吗？请几位小朋友来说一说你见过的蝴蝶长什么样。（有翅膀、会飞、漂亮……）

教师：小朋友们回答得都挺不错，但对蝴蝶外形特征的了解还不够全面。我们一起来看一看照片，仔细观察一下蝴蝶究竟由哪几部分构成（头、胸、腹、翅、足五部分），它们分别是什么形状的，大小有何不同。（翅膀最大）

2. 引导幼儿观察蝴蝶翅膀上的花纹，感受色彩与图案的美。

教师：你们觉得这些蝴蝶漂亮吗？主要漂亮在哪里呢？（翅膀上的花纹）

教师：蝴蝶漂亮的翅膀花纹上有哪些颜色，色彩鲜艳还是灰暗？有哪些图形，它们的大小、疏密相同吗？

（三）幼儿绘画，教师巡回指导

教师首先划定活动场地并明确绘画要求，接下来请小朋友们用彩色粉笔在地面上画一画漂亮的蝴蝶。

教师强调作画步骤：先用线条画出蝴蝶的外形，翅膀要画得大一些；再选用各自喜爱的图形对蝴蝶翅膀进行装饰，注意图形的颜色、大小与疏密。

最后巡回指导。对于那些无从下笔或造型困难的幼儿，教师要引导其重新观察照片，充分了解蝴蝶的外形特征；对于那些装饰翅膀存在困难的幼儿，教师要鼓励其大胆使用自己喜欢的色彩与各种简单图形；对于绘画娴熟，作画速度较快的幼儿，教师可提示其根据自己已知的与想象的蝴蝶生活环境添画背景。

（四）欣赏评价

请幼儿围成一圈欣赏同伴的绘画，比一比谁的蝴蝶最漂亮，并说说原因。

水粉印画《对称的蝴蝶》

一、活动目标

1. 认识蝴蝶左右对称的结构特点；

2. 能够用勾线笔画出正面的蝴蝶外形，并用水粉印画的方法表现对称图案装饰蝴蝶翅膀；

3. 感受蝴蝶花纹的对称美。

二、活动准备

勾线笔、水粉画工具与材料，蝴蝶标本，蝴蝶标本照片（已剪去背景部分）。

三、活动过程

（一）标本导入

教师出示蝴蝶标本，请幼儿仔细观察并讨论蝴蝶的结构特征。

教师：老师手里拿的是一个蝴蝶标本，请小朋友们仔细观察，说一说蝴蝶由哪几部分组成？比例怎样？

教师：头小、胸小、腹短、翅膀大。

（二）讲解对称

教师沿蝴蝶头胸腹一线对折标本照片。

教师：老师这么一对折，你们发现了什么呢？（左右两部分刚好重叠）

教师：蝴蝶翅膀沿头、胸、腹一线左右对称。

教师：如果要画一画像这样对称的蝴蝶的正面，你们觉得应该先画哪里呢？

教师小结：先画中间的头胸腹，以此为参照，再画两侧左右对称的大翅膀。

教师：除了外轮廓左右对称，小朋友们再来找一找，还有哪里也是对称的呢？

教师：翅膀里面的花纹也是左右对称分布的，不仅颜色对称，图案的方向是左右相对的。

（三）演示水粉印画

先请小朋友们尝试用马克笔在画纸上画左右相对的图案。

教师：你们觉得直接在白纸上画相对的图案容易吗？那有没有什么好办法可以解决这个难题呢？

教师：小朋友们很聪明，想出了各种办法，在课后的区角活动中可以进行尝试。接下来老师要和你们分享一个用水粉印画对称图案的简便办法。

教师演示先将画纸进行对折，然后展开，用水粉在折线左边空白处画一个半圆形，待颜料未干时迅速将纸沿中轴线再次对折，将颜料压印到另一半白纸上，最后展开，沿印痕涂色。

教师：在压印环节，小朋友们要注意将颜料调得稀一些，待水分没干及时压印，画一个图案印一个图案。

（四）幼儿绘画，教师巡回指导

教师：接下来请小朋友们先将画纸对折，接着用勾线笔在折线上画出蝴蝶的头胸腹，再画出翅膀，要画得尽量大些，做到画面饱满，但也不要大到画不下；然后用压印的办法装饰左右翅膀，根据你们自己的喜好选择一边翅膀画图案，另外一边印画；最后选择自己喜欢的颜色填涂花纹。

重点指导正面蝴蝶左右对称的画法和压印的方法。

（五）欣赏评价

集中展示，请幼儿评一评哪只蝴蝶最美丽，为什么。

（六）活动延伸

在美术角区请幼儿自主探索表现对称的其他方法。

油水分离技法画《夜空》

一、活动目标

1. 感受夜空的美，了解月亮、星星的特点；

2. 能用油水分离技法表现月亮、星星挂在天空中的美景；

3. 体会使用油水分离技法的乐趣。

二、活动准备

《小小的船》儿童诗，夜空图片，油画棒、水粉画工具与材料。

三、活动过程

（一）儿童诗导入

1. 教师带领幼儿共同朗诵儿童诗《小小的船》。

小小的船

弯弯的月儿小小的船。

小小的船儿两头尖。

我在小小的船里坐，

只看见闪闪的星星蓝蓝的天。

2. 教师提问："这首诗歌描绘的是什么场景，它美吗？月亮是什么样子的，星星呢？"同时出示美丽的夜空图片。

（二）传授技法

教师介绍绘画工具与材料，讲解、演示油水分离技法（仅示范局部），强调油画棒与水粉使用的先后顺序。

（三）幼儿作画

教师提出作画要求，使用油水分离技法作画，并巡回指导。

（四）作品欣赏

完成作画后，教师先请幼儿分组讨论在画中的夜空下他们各自在干什么，之后再请个别幼儿向全班同学介绍他们画中的夜空是什么样的，自己在做什么，发生了哪些事。

（五）活动延伸

请小朋友们放学回家后观察周围人们的晚间生活。通过这个延伸活动引导幼儿关注与关心他人，体会那些需要忙碌到夜晚的人们的辛勤与不易。

蜡笔画《大树妈妈》

一、活动目标

1. 了解树的基本结构；

2. 巩固勾线与涂色结合的作画方式；

3. 学习运用色彩的明度关系表现光影立体效果的方法；

4. 感受色彩规律带来的趣味。

二、活动准备

儿歌《落叶》、记号笔每人一支、蜡笔每组两盒、大树的照片若干。

三、活动过程

（一）儿歌导入，交代作画主题

1. 教师带领幼儿共同朗诵儿歌《落叶》。

落　叶

秋天到，秋天到，树叶宝宝往下掉。

红树叶、黄树叶，片片飞来像蝴蝶。

2. 提问幼儿："树叶是从谁身上落下来的呢？"

（二）讲解示范

教师出示图片请幼儿观察并提问："大树妈妈说，你们有没有仔细观察过我，我长得什么样子呀？"幼儿回答大树妈妈的基本结构和形态，教师总结树干、树枝、树叶。

教师继续提问："'我'身上都有哪些颜色，它们之间有什么样的联系与不同呢？"幼儿作答，教师总结归纳，重点讲解色彩的明度关系，并示范能够表现事物光影立体感的不同明度色彩的并置平涂方法。

（三）提出作画要求，幼儿作画

教师："今天我们就来画一画大树妈妈，请你们把刚才说到的大树妈妈的轮廓先用记号笔画下来，然后再为它涂上颜色。"

幼儿取记号笔进行勾线，教师重点指导幼儿画出大树妈妈的树干、树枝、树叶各部分。

完成勾线的幼儿可以开始用油画棒进行涂色，过程中教师重点指导幼儿有序并置不同明度的同色系色彩，如淡黄色和橘黄色、草绿色和墨绿色，来表现出事物的光影立体感。

（四）评价作品

作品完成后，请几位幼儿向全班小朋友介绍自己的作品，重点描述树的结构与形态，色彩的使用心得，并尝试围绕哪幅好、好在哪里、哪里还需要改进来展开自评与互评。

油画棒画《太阳》

一、活动目标

1. 认识暖色，感受色彩的魅力；

2. 能够大胆想象，运用线条创造性地表现太阳的光芒；

3. 体会绘画创作的乐趣。

二、活动准备

油画棒每组两盒、A4 纸每人一张。

三、活动过程

（一）谈话导入

提问：小朋友们，太阳照在身上有什么样的感觉？

（二）认识暖色

请幼儿在整盒油画棒中找出那些能够给人带来暖暖的、热热的感觉的颜色，引出"暖色"这个知识点。

教师总结：像红色、黄色和橙色这样看起来暖暖的颜色，我们叫它们"暖色"。

（三）思考想象

教师：你们觉得太阳的光芒美不美，可以用什么样的线条来表现它呢？

幼儿讨论后作答，教师将幼儿的想法以板画形式进行整理。（在黑板上简单记录直线、波浪线、虚线……）

（四）幼儿创作，教师指导

交代绘画要求，幼儿操作，教师指导：选用不少于两种暖色为太阳涂色；鼓励幼儿大胆想象太阳的造型。

（五）分享评价

幼儿互评：你觉得他的太阳给你什么样的感觉？具体用了哪些颜色？有什么样的线条？并请幼儿为作品取名。

蜡笔画《蜗牛》

一、活动目标

1. 对蜗牛的外形有进一步的了解；

2. 学习用螺旋线绘画蜗牛外形，并能用简单图形与色彩进行装饰；

3. 感受装饰的乐趣。

二、活动准备

谜语、A4 纸、记号笔、蜡笔。

三、活动过程

（一）谜语导入

教师口述蜗牛的谜语："没有脚，没有手，背上房子到处走，有谁把它碰一碰，赶紧躲进房里头（答一动物）。"请幼儿猜一猜，由此导出绘画主题。

（二）讲解演示

教师出示图片，与幼儿一起观察，总结蜗牛的基本结构与特征。

讲解螺旋线的运用，做简单示范。

讲解组合简单图形与色彩的装饰表现技法，强调疏密。

简介通过面部朝向表现蜗牛不同动态的基本方法。

（三）幼儿绘画，教师巡回指导

幼儿可根据自己的喜好与能力选择表现一只或数只蜗牛，教师着重提醒幼儿控制大小与其在画面的布局，为装饰留有空间。

（四）展示作品，相互欣赏

综合材料《一枝腊梅花》

一、活动目标

1. 感受腊梅花的美；

2. 理解"一枝"的含义，学习皱纹纸团球的方法；

3. 感受绘画和纸工结合的乐趣。

二、活动准备

《梅花》音乐、腊梅花图片、彩色皱纹纸、浆糊、油画棒。

三、活动过程

（一）图片导入，明确主题

伴着《梅花》纯音乐，教师出示腊梅花的图片，引导幼儿感受腊梅花的美。

（二）观察花枝，练习"一枝"

教师引导幼儿观察腊梅花枝条的形态，讲解"一枝"的含义，即一根总枝条。

幼儿尝试用油画棒从粗壮的总枝条画起，然后延伸出细小的分枝。

（三）示范团球，幼儿练习

教师示范皱纹纸团球的方法，引导幼儿观察并讨论如何制作紧实的球团，教师总结要领。

幼儿制作纸团腊梅花并将其粘贴在先前画好的花枝上，教师巡回指导。

（四）欣赏互评，结束活动

《装饰灯笼》

一、活动目标

1. 了解我国节庆文化；

2. 能够利用色彩对立体造型进行装饰；

3. 体验在立体造型上进行装饰的乐趣。

二、活动准备

音乐《好日子》、灯笼图片、6cm 泡沫球制成的光版灯笼、水粉画材料与工具。

三、活动过程

（一）问题导入

教师提问幼儿是否见过灯笼，请幼儿回忆并讨论是在何时何地见到的。

（二）欣赏讲述

和着节奏欢快的《好日子》音乐，教师带领幼儿一边欣赏多种多样的灯笼图片，一边讲述与悬挂灯笼这一习俗有关的我国节庆。

（三）引导观察，启发创作

请幼儿仔细观察图片中的各式灯笼，讨论它们有哪些形状、颜色、图案，教师总结。

（四）幼儿创作，教师巡回指导

教师：我们今天就要给制作好的灯笼宝宝设计一件漂亮的花衣服，请大家动动小脑筋，用水粉颜料在上面画上自己喜欢的颜色和图案。

教师提醒幼儿蘸取适量颜料轻轻作画，先画一面，待颜料干透后再旋转方向装饰另一面。

（五）作品展示

教师与幼儿一起布置，举办一个小小灯展。

《元旦贺卡》

一、活动目标

1. 了解元旦；

2. 尝试用多种材料创作一张平面贺卡；

3. 体验绘制贺卡并将其赠予家人的乐趣。

二、活动准备

贺卡、油画棒、各色卡纸、贴纸、布艺花朵、胶水、花边剪刀。

三、活动过程

（一）提问导入，激发兴趣

教师提问：我们马上就要迎来一天假期了，有谁知道为什么放假吗？

（二）丰富常识，明确主题

教师向幼儿简单介绍"元旦"这一重大节日的基本情况，包括赠送贺卡的习俗。

（三）观察讨论，启发创作

教师展示几种典型的元旦贺卡，带领幼儿感受贺卡的形式美与装饰美，并请幼儿观察、讨论贺卡上有哪些装饰图案，它们有什么样的排列规律。最后教师进行总结。

（四）绘制平面贺卡

请幼儿将彩色卡纸对折，任选其中一面用油画棒画出自己喜欢的图案，同时合理利用辅助材料对画好的图案进行装饰。

教师巡回指导。

由教师帮助写上"元旦快乐"的祝福语，并用花边剪刀对贺卡边缘进行修饰。

（五）欣赏互评，结束活动

请幼儿将自己绘制的贺卡展示在桌面上，大家巡回欣赏。

请幼儿评出最喜欢的贺卡，并讲讲为什么喜欢。

师幼共同整理桌面。

（六）活动延伸

请幼儿将贺卡带回去送给家人，并说出"元旦快乐"的祝福语。

水粉画《暖暖的春天》

一、活动目标

1. 认识暖色与暖色调；

2. 能用暖色调的颜色描绘春天的景色；

3. 感受春天的温暖与生机。

二、活动准备

1. 经验准备：知道四季，认识基础色，能够正确使用水粉工具与材料。

2. 物质准备：水粉颜料，水粉笔，画纸，调色盘，涮笔筒。

三、活动过程

（一）直接导入，明确主题

教师：小朋友们，春天来了，现在的气候给你们什么样的感受？（温暖舒适）

教师：天气暖和了，你们都穿上了漂亮的春装，春姑娘也给我们幼儿园里的植物们换上了一件好看的新衣服，大家快去找一找吧！

（二）观察春景，关注色彩

教师：和刚刚过去的冬天相比，植物们换上了什么样的新衣呢？花儿有什么变化？草儿有什么变化？小树有什么变化？

教师：春姑娘带来的这件新衣服是什么颜色的？

（三）认识暖色与暖色调

教师：花儿的红色，给你们什么样的感觉，是暖暖的还是冷冰冰的？为什么？它使你想到了什么？

教师：春姑娘带来的这件衣服上还有哪些颜色给你们这种暖暖的感觉？请几位小朋友上来从这些水粉颜料里对应着把它们都找出来。

教师：红色、橘红色、橘黄色会使我们想到热热的太阳、火焰，和它们相关的黄色、黄绿色，也会给我们暖暖的感觉，我们把这些给人热热的、暖暖的感觉的颜色叫作暖色。春姑娘带来的这件衣服上有很多这样的暖色，整件衣服给我们暖暖的感觉，我们说这是一件暖色调的衣服。

（四）幼儿创作，教师巡回指导

教师：接下来请大家试一试，用多种暖色来画一画春天的景色，完成一幅暖色调的春景画吧。

（五）欣赏分享

待所有幼儿都完成绘画之后，每小组自行推选一名幼儿上前带着自己的画作为大家说一说哪些地方用了暖色，分别是哪些暖色。其他小朋友评一评整幅画有没有给人暖暖的感觉，是不是一幅暖色调的春景画，哪幅画给人的感觉最暖，为什么。

（六）活动延伸

1. 节假日家长可带幼儿去周围的公园转一转，继续寻找春天；

2. 学习有关春天的诗歌或歌曲；

3. 讲讲春天里的故事。

《春天的柳树》

一、活动目标

1. 感受春天里柳树发芽生长，一片新绿、充满生机的美；

2. 掌握柳树的树形特征，并能用油画棒表现。

二、活动准备

春天柳树的图片、油画棒、粉笔、黑板。

三、活动过程

（一）回忆导入

提问：我们今天上午观察了柳树，还记得它由哪几部分构成吗？（树干、树枝、树叶）

柳树和其他树有什么不同呢？（指出柳树的树干挺拔粗壮、枝条纤细下垂、柳叶细长如梭的特点）

（二）欣赏感受

出示春天柳树发芽、连绵成片的美景图，引导幼儿欣赏图片，感受一片新绿、充满生机的美。

（三）幼儿作画

提出要求：请幼儿用油画棒画出自己心中春天柳树的模样，注意柳树的特征。

幼儿自主作画，教师巡回观察，指导个别能力弱的幼儿将柳树的主要部分（树干、树枝、树叶）表现清楚。

（三）欣赏评价

集中展示作品，请幼儿说一说哪幅柳树带给其最浓郁的春天感觉，为什么。

《油菜花》

一、活动目标

1. 感受油菜花海的美；

2. 学习用指印画的方法表现油菜花；

3. 启发思考、大胆尝试老材料新画法，体验指印画的乐趣。

二、活动准备

水粉画工具材料、铅画纸、油菜花海的图片、指印画（内容不是油菜花）。

三、活动过程

（一）图片导入

通过欣赏春天油菜花海的图片，结合幼儿已有经验，请幼儿说说对油菜花的印象，教师总结油菜花的外形特征。

（二）探索尝试

教师："你们想不想把美丽的油菜花画下来呢？我们今天要用一种全新的方法来画油菜花，请大家从这幅画中找找会是什么方法吧。"

出示准备好的指印画作品，请幼儿欣赏并讨论：你觉得这幅作品怎么样？上面有什么？你认为这些点是怎么画上去的？（教师鼓励幼儿主动思考、积极讨论，并请个别幼儿根据假设进行大胆尝试。）

（三）技法演示

教师示范指印画具体技法。

示范的重点：不同手指指印大小不一，同一手指不同角度印画效果各异，压印的力度强弱与大小、浓淡相关，并置与重叠的效果不同等。

（四）幼儿创作，教师巡回指导

请幼儿思考油菜花的哪个部分适合用指印画的方法。（花朵）

提醒幼儿注意卫生，点完后用抹布将手擦干净。

鼓励幼儿丰富画面。

（五）整理桌面，结束活动

结束时指导幼儿分类归放工具、材料。

水粉画《悄悄变化的天空》

一、活动目标

1. 知道色彩渐变是将颜色按深浅不同进行有序组合；

2. 能够调和深浅不同的色彩并进行有序排列表现出天空由远及近的深浅变化；

3. 感受不同时间段天空色彩变化的美，体验调入白色改变色彩深浅的乐趣。

二、活动准备

1. 经验准备：认识多种色彩；能够正确使用水粉工具与材料；熟悉天空。

2. 物质准备：水粉画工具与材料若干，分别有紫色（朝霞）、红色（晚霞）与蓝色（正午）渐变的天空图片，儿歌《美丽的天空》。

三、活动过程

（一）儿歌导入，引出主题

教师：老师今天给大家带来了一首好听的儿歌，它的名字叫作《美丽的天空》，小朋友们赶紧竖起小耳朵来听一听天空美在哪里吧！

教师：有没有小朋友听出来儿歌告诉我们天空美在哪里呀？

（二）欣赏图片，认识天空色彩的深浅变化

教师：除了夜晚的天空有繁星点缀很美丽，你们有没有仔细观察过白天的天空呢，它是什么样的？

教师：我们一起来欣赏一下天空在清晨、正午与黄昏时的模样吧。（依次出示清晨、正午、黄昏图片）

教师：这是清晨的天空，你们觉得它美吗？美在哪里？这些紫色是一样的吗？有什么不同？

教师：我们刚才看到了清晨天空在朝霞的映衬下披上了一条由深紫色到浅紫色变化的美丽面纱，这种由深到浅的变化我们把它叫作渐变。

教师：有没有小朋友能猜出这是什么时间段的天空？和清晨的天空比正午的天空发生了哪些变化呢？这些蓝色是一样的吗？有什么不同？这是蓝色渐变。

教师：这又是什么时候的天空？主要是什么颜色的？这些颜色是怎么变化的？答对了，这是红色渐变。

（三）讲解演示，导向创作

教师：清晨天空的面纱都是紫色的，但有的深、有的浅，你们知道该如何调色吗？请想到的小朋友上来试一试。

教师：在紫色中调入白色，加入的白色越多，紫色就会变得越浅。要画出紫色渐变的效果，我们就要一点点慢慢地在紫色中调入越来越多的白色进行绘画。

（四）幼儿创作，教师巡回指导

教师：天空的颜色真美啊，一天中悄悄地发生着变化。清晨起来天空蒙着紫色渐变的面纱，中午是蓝色渐变的，傍晚换作红色渐变。我们今天就来画一画它漂亮的、悄悄变化的色彩吧，也可以是你为天空设计的新面纱，每位小朋友选其中的一种颜色来画，但要表现出色彩的深浅变化。深浅色彩要有序排列，通过不断添加白色来实现。

（五）欣赏评价，分享创作心得

教师：请几位小朋友来介绍一下自己的画。（用了几种深浅不同的什么颜色，哪里深、哪里浅，它们是如何变化的，你是怎么做到的，绘画过程中是否遇到困难。）

《独特的房子》

一、活动目标

1. 了解房子的有关常识；

2. 初步尝试使用变形手法创作房子；

3. 体会化身建筑大师的乐趣。

二、活动准备

勾线笔、油画棒、A4 纸。

三、活动过程

（一）回忆导入

教师提问：我们生活中有各种各样的房子，你们看到过哪些房子，它们是什么样的，由什么材料建成，用来做什么的？

幼儿思考、讨论、作答，教师以板画的形式予以记录、总结。

（二）讲解演示

教师以屋顶为例，讲解演示通过改变它的常规形状创造新形象的方法。列举：直线变弧形、曲线，几何图形变不规则形状。

（三）幼儿绘画，教师指导

提出要求：你们想不想要一座属于自己的独特房子啊？那么，变变变！祝贺大家化身建筑大师，你们可以拿着画笔设计房子了。先用记号笔勾画房子的外形，然后用油画棒给它涂上你喜欢的各种颜色，也可以在墙面、窗户、屋顶等地方画上漂亮的图案做装饰。

教师巡回指导。

除重点引导、支持大胆变形外，教师还需关注以下方面：

（1）提醒幼儿将房子大大地安排在画面中间，突出主体；

（2）鼓励换笔，使用多种色彩进行涂色；

（3）建议绘画速度较快的幼儿为房子添画背景。

（三）欣赏评价，结束活动

将作品展示在图画框里共同欣赏，并请幼儿评一评谁的房子最新奇、谁的最漂亮、谁的最宽敞。

《一群快乐的小鸭子》

一、活动目标

1. 了解鸭子的造型特征与生活习性；

2. 感受小鸭子在水中嬉戏的愉悦与美好；

3. 尝试表现不同动态的小鸭子。

二、活动准备

PPT、画纸、油画棒。

三、活动过程

（一）图片导入

教师："小朋友们快看，春天的池塘里，谁来了？小鸭子是什么样的？它们在干什么呢？它们的心情怎么样？"

教师引导幼儿观察小鸭子在水中嬉戏的图片，通过问答让幼儿了解鸭子的造型特征，并启发想象。

（二）交流模仿，总结动态

教师出示小鸭子喝水的图片，提问："这群小鸭子在干什么？小鸭子是怎么喝水的？"

先请幼儿观察、讨论，再请个别幼儿模仿小鸭子喝水的动态。

教师出示小鸭子唱歌的图片，提问："小鸭子在池塘里还会干什么呢？它们是怎么唱歌的呢？"

同样先请幼儿观察、讨论，再请个别幼儿模仿小鸭子唱歌的动态。

师幼一起小结：小鸭子在池塘里，有时戏水，翅膀张得大大的；有时喝水，低着头，撅着屁股；有时唱歌，头抬得很高，脖子伸得很长，真好玩！

（三）幼儿创作

教师明确创作要求，引导幼儿在绘画前进行构思并合理安排空间，启发幼儿表现不同姿态的小鸭子。

"接下来请你们用油画棒画一画池塘里的一群快乐的小鸭子。动笔前请先想一想总共要画几只小鸭子，它们分别在干什么。"

（四）欣赏评价，结束活动

师幼一起欣赏画作，请幼儿讨论画中的小鸭子们分别在干什么，它们快乐吗，哪幅画中的小鸭子看起来最快乐。

《汽车来了》

一、活动目标

1. 初步了解从整体到局部的绘画思维习惯；

2. 基本能够根据自己的理解和想象画出汽车；

3. 尝试选择多种颜色对汽车进行装饰。

二、活动准备

汽车玩具、油画棒、画纸。

三、活动过程

（一）观察玩具

教师出示汽车玩具，请幼儿说一说它们的名字、用途，比一比大小、形状、颜色，找一找相同的组成部分。

教师总结车辆基本结构以及各部分的空间位置关系。

（二）教师讲解

绘画相对复杂的事物，要采用先整体后局部、从大到小的基本思路，先画汽车的外轮廓，注意区分车轮车身两大结构，再添画车窗、方向盘、驾驶员、反光镜、车灯等细节，层层递进。

（三）幼儿作画

教师请幼儿到操场上尝试用彩色粉笔在地上画汽车。

要求画出车轮、车身、驾驶员等细节，并用自己喜欢的颜色进行装饰。

（四）欣赏评价

集中欣赏绘画作品，请幼儿说一说各自的画，评一评谁的汽车结构最完整，谁的装饰最漂亮，谁的想象力最丰富。

（五）活动延伸

围绕"谁在开车""开车去哪儿、做什么""沿途有哪些风景"等展开故事创编与角色扮演活动。

《动态的人》

一、活动目标

1. 感知人在运动时的姿态变化；

2. 尝试用线条表现简单运动动态；

3. 感受绘画动态的人的乐趣。

二、活动准备

PPT、卡纸人若干、勾线笔若干。

三、活动过程

（一）说一说

观察 PPT 上的运动员，描述他们的肢体动作。

提问：他们都在干什么？你是怎么知道的？

小结：正面的人五官完整，侧面的人只看得见一只眼睛、一半的鼻子和嘴巴，倒立的人五官颠倒。

（二）做一做

带领幼儿模仿不同的运动动作，边做边说出身体的变化。

提问：他们做这些动作时身体是怎么样的？头是怎样的？手臂是怎样的？两条腿是怎样的？

（三）摆一摆

运用卡纸人的学具，感知立体人和画纸上平面人的关系。

自己做动作自己摆：神秘卡纸人也要做运动了，用卡纸人把你会做的运动来摆一摆。

两个好朋友一起玩游戏，一个幼儿摆卡纸，另一个幼儿来做动作。

（四）画一画

请幼儿用线的方式在白纸上画一画自己喜欢的运动项目，表现运动中的人。

重点：过程中展示个别幼儿的作品，指导幼儿如何表现出动态的人（四肢的位置、与运动器械的互动）。

（五）猜一猜

1. 请部分幼儿展示作品，由其余幼儿猜一猜他们画的是什么运动项目；

2. 幼儿间互相欣赏，说说自己画的是哪种运动状态中的人。

大 班

国画《美丽的荷花》

一、活动目标

1. 认识工笔、写意、兼工带写三种国画技法；

2. 尝试自主选择一种国画技法表现荷花，正确使用宣纸；

3. 感受荷花的美，领略中国传统艺术的魅力。

二、活动准备

1. 经验准备：认识荷花，初步了解荷花的外形特征；会使用毛笔。

2. 物质准备：荷花图片、谜语，工笔、写意、兼工带写三幅国画，国画颜料、毛笔、宣纸。

三、活动过程

（一）谜语导入，激发兴趣

教师：今天老师给你们带来了一个有趣的谜语，请大家竖起耳朵仔细听，看看谁能又快又准地猜出来。叶儿大而圆，根儿湖底钻，叶在水面上，花在水中央。

教师：请小朋友来说一说你是在什么时候、什么地方见到过荷花？你见到的荷花是什么样子的？

（二）观看图片，深入了解荷花的基本结构与外形特征

教师：荷花由哪几部分组成，它们的名称分别是什么，每个部分有怎样的外形特点？

教师：小朋友们喜欢荷花吗？喜欢什么样的荷花？

（三）欣赏国画，认识工笔、写意与兼工带写三种国画技法

1. 教师出示工笔、写意、兼工带写三幅国画。

教师：请你们仔细看看这三幅画，想一想它和我们之前学过的哪种画非常接近，猜一猜使用了哪些相同的绘画工具。

教师：这种画叫作中国画，简称国画，顾名思义它是源于我国的优秀的传统艺

术。我们以前画过的水墨画就是中国画的一种表现形式。它们都用毛笔在宣纸上作画。水墨画是黑白的，注重墨色的深浅浓淡，这几幅用了国画颜料，色彩比水墨画更丰富。

教师：这三幅画之间又有哪些区别呢？

教师：这种用工整的细线来勾勒事物外轮廓的方法叫作工笔画法；不勾勒轮廓线，直接用色块铺出物象的方法叫作写意画法；最后这种有的地方是细线勾勒的，有的地方是泼墨写意的方法叫作兼工带写。哪些地方用工笔法，哪些部位用写意法呢？（主要的精细的地方用细线勾勒，次要的大体量的地方用写意法。）

2. 师幼共同演示。

教师：你们还记得水墨画中，怎样用毛笔能画出细细的线，怎样用笔又能画出一大块？有没有小朋友愿意上来试一试。

（中锋用笔画出工整的细线，侧锋用笔潇洒地铺出块面）

教师：同样是中锋用笔，为什么在有的宣纸上能画出工整的细线，有的却晕开了呢？

教师：宣纸也分为三种，工笔画要用不会晕开来的熟宣、写意画用能够晕染开去的生宣、兼工带写用半熟宣。

（四）幼儿作画，教师巡回指导

教师：老师今天为你们准备了充足的国画工具与材料，接下来就请你们先想好采用哪种国画技法，然后选择正确的纸张，将自己喜爱的荷花样子画在宣纸上。

（五）欣赏展示

完成作品后，教师请个别幼儿展示、介绍自己的作品，并说一说作画时的感受以及遇到的困难，其他幼儿和教师一起提出建议以及解决办法。

最后将作品集中展示于荷花池塘的主题墙上。

（六）活动延伸

讲述荷花池塘里的故事。

水彩笔画《我心中的小学》

一、活动目标

1. 初步认识小学，了解校园环境与基本设施；

2. 发挥想象，用不同的图形和色彩绘画自己心中的小学；

3. 萌生步入小学的憧憬，体验设计小学的乐趣。

二、活动准备

画纸，水彩笔，小学视频。

三、活动过程

（一）问题导入，引起幼儿兴趣、激发过往经验

教师：小朋友们，很快你们就要成为一名小学生了，你们了解小学吗？有谁见过或去过小学？

教师：今天老师要通过视频带你们去参观一所小学，请跟随我的镜头吧。

（二）比较小学与幼儿园在环境上的不同之处

教师：小朋友们，请仔细观看视频中小学的校园环境，比一比它和我们的幼儿园有哪些不同。（分别比较教学楼数量与外观、操场大小、体育器材种类、教室内陈设、走廊装饰）

（三）幼儿自主构想并讨论

教师：接下来请你们想一想自己心中的小学是什么样的。如果你是设计师，你想把自己未来的小学设计成什么样？

（四）幼儿创作，教师巡回指导

教师：刚才我们已经对自己心中的小学进行了构想，接下来请小设计师们开始动笔，使用不同的图形和色彩画一画自己心目中的小学，看谁画得最有创意。

（五）活动小结，集体评价

教师：今天的小朋友都很能干，不仅把自己心中的小学画出来了，而且画得各有特色，老师很高兴。

（六）活动延伸

组织幼儿参观小学，熟悉校园环境和设施，感受校园氛围，进一步激发幼儿上

小学的欲望。

油画棒画《飞舞的蝴蝶》

一、活动目标

1. 了解蝴蝶飞舞的动态特征，知道侧面蝴蝶翅膀前后遮挡的深度空间关系；

2. 能够用油画棒表现不同朝向、高低、大小、颜色、角度的蝴蝶；

3. 感受蝴蝶翩翩起舞的美。

二、活动准备

1. 经验准备：熟悉蝴蝶，了解蝴蝶的基本结构。

2. 物质准备：油画棒、画纸、一群蝴蝶飞舞的视频。

三、活动过程

（一）视频导入

教师播放一群蝴蝶飞舞的视频，请幼儿仔细观察。

教师：蝴蝶是怎么飞舞的？（挥动翅膀）

教师：它们有哪些不同？（朝向、高度、颜色、大小）

教师：请小朋友们一起用动作表演蝴蝶飞舞。（舞动手臂，伴随下蹲、起立、转圈）

（三）讲解不同角度蝴蝶的结构特征

1. 教师将视频定格在全正面的蝴蝶上。

教师：这只蝴蝶的结构特点是怎样的？（左右对称）

2. 教师将视频定格在一只停在花上的全侧面的蝴蝶。

教师：这只蝴蝶在干什么？（飞累了停在花上休息、闻花香、采花粉……）

教师：请一位小朋友来模仿一下它的动作。（合起手臂放于头顶）

教师：它怎么只有一只翅膀？另外一只翅膀去哪儿了呢？（因为蝴蝶的翅膀是左右对称的，另外一只被我们看得见的这半边翅膀完全挡住了）

3. 教师将视频定格在一只露出四分之三侧面的蝴蝶，请幼儿观察翅膀的数量、位置和大小。

教师：这个角度能看到几只翅膀？它们有什么不同？哪只在前，哪只在后？（能看到两只翅膀，但前面这只是完整，后面那只被挡住了，只露出了一部分）

（三）幼儿绘画

教师：翩翩起舞的蝴蝶美不美？美在哪里？（姿态万千、色彩丰富）

教师：那么接下来请你们以小组合作的形式，一起用油画棒在纸上画一画飞舞的蝴蝶。小朋友们都了解了蝴蝶的大小、颜色不同，飞舞的动态很灵活，所以你们要注意表现不同朝向、高低、大小、角度的蝴蝶。尤其是画侧面的蝴蝶时，要注意全侧面与微侧面前后翅膀数量、位置、大小的区别。最后还要给蝴蝶涂上你们喜欢的各种颜色。

（四）欣赏评价

集中展示，请幼儿评一评哪一组画的飞舞的蝴蝶最美丽，说明它们的朝向、高低、角度、大小、色彩分别是什么样的。

油画棒画《电话号码变变变》

一、活动目标

1. 了解装饰、拟人与变形的趣味表现；

2. 能任选涂一涂、加一加、变一变中的一种方法创造性地表现自家电话号码；

3. 通过互赠电话号码卡片，感受同伴间的友情。

二、活动准备

1. 经验准备：幼儿能背出自己家或爸妈的电话号码。

2. 物质准备：油画棒、白纸、丝带。

三、活动过程

（一）谈话导入

教师：幼儿园的生活马上就要结束了，毕业以后当你们想念班级里的小伙伴时，有什么办法可以找到他呢？

教师：我们今天就一起来制作电话号码卡片，送给班级里的小伙伴吧。

（二）演示讲解

1. 涂一涂——装饰。

教师在黑板上写下自己的号码。

教师：这是老师的电话号码，我们一起念一念。

教师：可以把我们的号码进行装饰，送给自己的好朋友，开动小脑筋想一想，怎么样才能把数字宝宝变得好看呢？请几位小朋友上来试试看。

教师：小朋友们尝试了多种不同的方法，有的在数字里面涂上了各种好看的颜色，有的画上了自己学习过的线条和图案。

2. 加一加——拟人。

教师：除了在数字内部进行装饰，我们还可以在数字轮廓外面做点什么呢？

教师示范给数字加上小手。

教师：如果要给我们的数字宝宝赋予生命特征，我们还可以在数字轮廓外面添加哪些部分呢？请几位小朋友上来画一画。

教师小结：加上四肢、翅膀、角、尾巴……

3. 变一变——变形。

教师：除了内部装饰、外部添画的方法，老师这里还有一种不同的方法，你们来看看。

教师：我们小朋友能看出这些是什么数字吗？

幼儿：拐杖是数字7，面包肠是1。

教师：那你们知道这个柠檬片是数字几吗？其实老师是把数字3变成了柠檬片。但变形后数字都看不出来了，所以这个变形失败了。

教师：请你们想想剩下的数字像什么，还可以怎么变一变。请几位小朋友说一说。

幼儿：7还可以变成蛋糕，8还可以变成眼镜……

教师小结：小朋友们都想到了很多好方法，我们可以用涂一涂、加一加、变一变的方法让电话号码变得更有趣！

（三）幼儿自行设计电话号码，教师巡回指导

教师：小朋友们，现在我们就来设计自己的电话号码来送给好朋友吧！请你们用涂一涂、加一加、变一变的方法，让我们的数字宝宝大变身，画完之后可以来找老师帮忙绑上丝带送给好朋友哦！

小组长领油画棒和白纸，教师根据幼儿的水平进行个别指导。

（四）作品展示与交流

1. 个别幼儿进行分享。

教师：小朋友们都完成了自己的作品，现在请几个小朋友上来分享一下自己设计的电话号码！×××他们家的电话号码是什么呀？我们一起来念一遍好吗？

教师：经过我们的描画，电话号码都变得很有趣啦。请几位小朋友来介绍一下

你的电话号码，讲一讲用了什么方法使数字宝宝变得有趣。

2. 教师帮幼儿将画纸卷成卷轴的样子，用丝带系好。

教师：刚刚老师已经帮小朋友把画纸都包装好啦！现在可以和好朋友相互赠送你们的电话号码，并送上祝福！

教师小结：今天我们用涂一涂、加一加、变一变的方法装饰了我们的电话号码，让我们的电话号码变得更好看了。我们要保存好好朋友的电话号码，以后也要常联系哦！

蜡笔画《我长大了》

一、活动目标

1. 培养仔细观察、整体考虑的习惯；

2. 初步了解人体基本结构，加深自我认知；

3. 能大胆作画，做到构图饱满；

4. 感受成长的喜悦。

二、活动准备

每人一张 A4 纸、一面小镜子、蜡笔若干、三张分别画有大中小号小猪佩奇的等大图片。

三、活动过程

（一）活动导入

教师出示分别画有幼儿熟悉与喜爱但大小不一的卡通人物小猪佩奇的三张图片，然后提问："你们觉得哪个是'长大的佩奇'？为什么？"

通过问答引导幼儿发现"长大的佩奇"有大大的头，胖胖的身体，粗粗的胳膊，长长的腿。

教师总结：要头顶着画纸顶部边缘，脚踩着画纸底部边缘，这样"顶天立地"的构图才能让佩奇长大。

（二）观察发现

让幼儿两两面对面站立模拟照镜子，通过有趣的游戏互动环节，引导幼儿对照同伴反观自身，初步认识头、颈、躯干、四肢这些人体基本结构。

请幼儿在小镜子面前观察自己的头部，重点关注脸型、发型和五官的特征并用语言表述出来，加深自我了解。

（三）幼儿绘画

提出绘画要求：请幼儿在纸上画出"长大的我"，要画自己"顶天立地"的正面全身像，要表现头部特征与人体基本结构的完整性。

教师在巡回指导中重点关注幼儿的构图与完整性，可用"小朋友们检查一下，你真的像佩奇那样长大了吗？长大的你是否健康呢？"等语言巧妙提示。

提醒幼儿为自己的作品涂色。

（四）欣赏评价

收齐画作集中展示：请幼儿欣赏并辨认他们分别是"谁"、长大了吗、健康吗。说一说自己最喜欢哪幅画、为什么。

（五）结束活动

师幼共同整理桌面，结束活动。

油画棒画《太阳公公的表情》

一、活动目标

1. 认识表情，学会观察记录；

2. 能够使用拟人手法为太阳添画表情；

3. 体会使用拟人手法的乐趣。

二、活动准备

《太阳》的谜语、油画棒、画纸、白纸、铅笔。

三、活动过程

（一）谜语导入

教师：今天老师给你们带来了一位老朋友，它藏在谜语里，我们一起来猜一猜它是谁。

太阳

一个球，圆溜溜。

雨天不见晴天有。

白天出现，晚上不见。

又红又圆，照亮地面。

教师：猜猜它是谁？小朋友们你们还记得它是什么样子的吗？

小结：太阳是圆圆的，它的周围充满着光芒，每天从东边升起，从西边落下。有了太阳就有了光明，太阳对我们人类的好处多得数不胜数。

（二）观察表情

教师：太阳公公也和我们的小朋友一样，有时开心有时伤心，你们想不想认识一下这些表情啊？

请小朋友们两两面对面模仿喜怒哀愁多种表情，仔细观察眼睛、嘴巴的形状与位置的变化，并用纸笔简单记录。

教师总结不同表情的特点：开心时眼角下弯像月牙，嘴角上扬像小船；伤心时眼角上扬像小船，嘴角下弯像月牙；惊讶时眼睛、嘴巴张得像铜锣……

（三）幼儿作画

要求画一个有表情的太阳公公，教师巡回指导。

（四）欣赏评价

集中展示，请幼儿辨认每幅画中太阳公公的心情，根据画作实际情况评出"最"的画面（哪幅画中的太阳公公看起来最开心、最伤心、最忧愁、最惊讶……）

油画笔画《我的老师》

一、活动目标

1. 能用语言表述人物的外貌特征；

2. 能用较流畅的线条和多种色彩表现人物形象；

3. 增进师幼感情。

二、活动准备

画纸、勾线笔、油画笔。

三、活动过程

（一）谈话导入

教师：教师节就快到了，老师有一个心愿，很想知道老师在你们眼中是什么样的。小朋友们能不能帮老师完成这个心愿呢？

（二）观察讨论，概括外貌特征

引导幼儿从以下角度观察老师的外貌特点：体形（高矮胖瘦）、发型（头发长短、曲直、颜色）、五官的形状与大小、鞋服款式与花纹颜色、是否佩戴眼镜……

重点提示：老师有哪些地方是和别的老师明显不一样的？

引导幼儿把握主要特点，有侧重点地进行概括，突出教师个体差异。

（三）幼儿绘画，教师巡回指导

提示幼儿先构思后下笔，从头到脚、从整体到局部地作画；尽量做到线条流畅、色彩丰富。

（四）作品欣赏与评价

教师：我们来猜猜画的是哪位老师。你是怎么看出来的？

引导幼儿欣赏作品，猜测画的对象，学习优秀作品的画法，对能够表现形象特征的幼儿给予肯定。

教师：请小伙伴互相看一看、猜一猜、讲一讲自己的老师画像。

（五）活动延伸

请幼儿模仿记忆中最熟悉的或是给自己留下过深刻印象的老师的表情与动作，加深认识，增进师幼情感。

油画棒画《小蝌蚪找妈妈》

一、活动目标

1. 认识小蝌蚪、鲤鱼、乌龟、青蛙，知道它们的外形特征；

2. 能够根据故事内容用绘画的形式表现基本情景；

3. 强化规则意识，体验合作乐趣。

二、活动准备

儿童故事《小蝌蚪找妈妈》，每组一张半开铅画纸、两盒油画棒。

三、活动过程

（一）故事导入

教师：老师今天给你们带来了一个有趣的故事，它的题目是"小蝌蚪找妈妈"。

（二）观察特征

教师："我们刚才听了小蝌蚪找妈妈的有趣故事，有没有小朋友能说一说小蝌蚪在找妈妈的途中都遇到了哪些动物？"幼儿作答。

教师出示小蝌蚪、鲤鱼、乌龟、青蛙的图片，并请小朋友们描述它们的外形特征，教师总结归纳。

（三）分析情节

教师带领幼儿分析故事主要情节：一群小蝌蚪在池塘里快活地游来游去，小蝌蚪遇到鲤鱼妈妈和小鲤鱼，小蝌蚪碰到乌龟，小蝌蚪找到青蛙妈妈。

（四）自由组合并创作

提出要求："我们已经认识了小蝌蚪、鲤鱼、乌龟、青蛙的模样，也了解了故事中的几个重要情节，接下来就要请你们迅速确定想要描绘的具体内容，自由组合成组，一起画画故事中小蝌蚪找妈妈的主要情景。"

教师需要安排好个别落单的、暂时没有考虑清楚想要画什么的幼儿，鼓励他们积极思考，寻找兴趣点。

幼儿自由创作，教师巡回指导。过程中可询问幼儿："你们想要表现故事中的哪个场景？为什么？"

（五）欣赏评价

请各组逐一展示自己的作品，由其他幼儿猜一猜他们画的是哪个场景，并分别自评与互评，体会合作的喜悦。

（六）活动延伸

用孩子们的画作为背景开展故事表演活动。

油画棒画《活泼的小猴》

一、活动目标

1. 观看猴子的图片与视频，总结猴子的基本结构、外形与动态特征；

2. 能够用马克笔勾画轮廓、油画棒涂色的方式表现动态的猴子；

3. 了解猴子的饮食与生活习性并进行添画。

二、活动准备

猴子图片与视频、马克笔、油画棒、画纸。

三、活动过程

（一）问题导入，调动兴趣

教师：今天老师给你们带来了一位新朋友，你们想不想知道它是谁呢？

教师：它个子小小的，长着一身黄毛，聪明又调皮，擅长爬树，最喜欢吃桃子和香蕉。它的祖先赫赫有名，曾保护唐僧西天取经……

教师：没错，它就是小猴子。

（二）观看图片与视频，发现特征

播放图片，请幼儿仔细观察，说一说猴子的身体结构与外形特征。

教师小结：猴子由头部、躯干、四肢、尾巴几部分构成。脸部长得像个倒置的桃子，是两个双半圆；耳朵是半圆形的，像人类一样长在头部的左右两侧；还有一条灵活的长尾巴。

再次播放视频。

教师：看，这儿来了几只猴子，它们在哪儿玩呢？在干什么呢？做了哪些动作？

请幼儿观看后说一说猴子的生活习性与动态特征，并进行简单模仿，主要包括眺望、挠耳、跳跃几种典型动态。

（三）幼儿作画

教师：请小朋友用马克笔勾线、油画棒涂色的方法画出不同姿态的猴子，想想猴子在哪儿玩，把背景添画好，比比谁的设计最巧妙。

教师巡回指导，重点观察指导幼儿如何表现猴子的动态。

（四）介绍评价自己的作品

教师：谁来介绍一下你的猴子，它们在干什么？生活在哪里？

油画棒画《京剧脸谱》

一、活动目标

1. 初步了解京剧文化；

2. 学习用京剧脸谱的常用色彩和夸张、对称的图案设计脸谱；

3. 培养民族自豪感。

二、活动准备

歌曲《说唱脸谱》、脸谱图片、画纸、勾线笔、油画棒。

三、活动过程

（一）欣赏歌曲，调动兴趣，导入主题

教师：小朋友们，今天老师给你们带来了一首好听的歌曲，小耳朵竖起来噢。

教师：刚才你们听到的歌曲是《说唱脸谱》。你们知道什么是脸谱吗？有没有小朋友记得歌里是怎么介绍脸谱的啊？里面出现了好多人物和颜色的名称。

（二）欣赏脸谱图片，了解人物性格与色彩的对应关系

红色一般表现忠贞、英勇的人物性格；黑色一般表现正直、无私的人物形象；白色一般代表阴险的人物形象；紫色一般表现沉着的人物；黄色一般代表凶猛的人物；绿色一般代表顽强、暴躁的人物；蓝色一般表现刚强、有心计的人物性格。

（三）观察脸谱图片，了解图案的程式化特点

教师：脸谱上有哪些花纹？

引导幼儿欣赏脸谱上的云、海浪、花草和动物等花纹。

教师：脸谱上的花纹都是画在什么位置的？

重点引导幼儿发现脸谱上的花纹都是围着五官进行绘制的；多数是左右对称的图案，也有不对称的；眉毛和眼睛周围的纹样向上斜着画，鼻翼和嘴角周围的纹样却是向下画。

（四）幼儿作画，教师观察指导

先构思，设定人物角色，根据性格特征选择相应图案与色彩。用勾线笔画出脸型后先确定五官位置，再围绕五官绘画具体纹样。

先勾黑线后填色。鼓励采用对称与夸张的艺术表现手法。

（五）欣赏互评

请幼儿说一说自己的脸谱，评一评谁画的脸谱最好看、特征最鲜明。

油画棒画《国庆节的天安门》

一、活动目标

1. 了解国庆节，认识国旗与天安门；

2. 能够大胆想象、合理装饰，描绘国庆节的天安门；

3. 激发爱国热情。

二、活动准备

天安门图片、国旗一面、勾线笔、油画棒。

三、活动过程

（一）问题导入，展开讨论

教师：小朋友们，你们知道接下来为什么要放假一周吗？非常好，是因为"国

庆节"。那你们知道国庆节具体是在哪一天吗？国庆节会有哪些活动呢？（大街小巷悬挂国旗、天安门广场举行盛大的阅兵仪式……）

（二）认识国旗，观察国旗外观特征

出示国旗。教师：小朋友们，这就是国庆节时大街小巷悬挂的国旗，它非常神圣，代表了我们国家。请大家仔细观察后说一说国旗上面有哪些图案，它们是如何排列的，有哪些颜色。

（三）认识天安门，观察天安门城楼外观特征

出示天安门图片，引导幼儿观察天安门城楼的层数与墙体颜色，屋顶形状与颜色，门的数量、形状与大小，并了解左右对称的结构特征。

（四）大胆想象，交流讨论

教师：为了迎接国庆节，我们的天安门城楼需要装扮得漂亮喜庆又有节日特色。如果请你们来帮忙装扮，你们会怎么做呢？用到哪些材料？放置在哪些地方？它们是什么样子的？什么颜色的？（国旗、彩带、气球、灯笼、鲜花……）

（五）幼儿作画，教师观察指导

教师提出作画要求：接下来请小朋友们来画一画国庆节的天安门，你们要开动脑筋把天安门城楼装扮得漂漂亮亮的，记住配上能够体现国庆节节日特色的国旗哦！

（六）欣赏评价

请幼儿说一说自己的画，比一比谁的画国庆节氛围最浓厚、天安门城楼最漂亮。

稻草拼贴画

一、活动目标

1. 了解稻草的日常用途；

2. 大胆想象，尝试用稻草及玉米粒、纽扣等辅助材料制作拼贴画；

3. 对自然材料感兴趣，亲近大自然。

二、活动准备

稻草、图片、小绒球、玉米粒、纽扣、双面胶、剪刀、水粉颜料、油画棒。

三、活动过程

（一）问题导入，展开讨论

教师出示稻草并提问："这是什么东西？有什么作用？"

教师总结，向幼儿介绍日常生活中稻草的用途。

（二）欣赏稻草工艺品

请幼儿欣赏由稻草制作而成的各种精美工艺品的图片，感知通过改变稻草的自然形态创造的美感。

（三）教师引导，幼儿操作

将稻草分发给幼儿。

教师："请小朋友们先拿出一根稻草。它是什么形状的？像什么？一条长长的直线。接下来跟着老师弯一弯、折一折呢？变成了弧线和折线。

如果只需要一根小短线怎么办？可以用剪刀将它剪断。小朋友们一会儿在使用剪刀时一定要格外小心，不要剪到或戳到自己和同伴哦。

当我们需要一个面时，能怎么办呢？多根拼在一起，或盘在一起，或围成一圈，都能变成面。

稻草只有一种颜色，我希望画面色彩丰富一些，又怎么办呢？对了，可以用颜料给稻草涂上自己喜欢的或是需要的颜色。也可以用这些辅助材料为画面增色，像小绒球、玉米粒、纽扣，它们都是点，是大小、颜色不同的点。"

（四）幼儿创作

将其他辅助材料分发给幼儿。

教师："接下来请小朋友们开动脑筋，用稻草结合这些辅助材料创作一幅拼贴画。先构思，再在画面上按想法摆一摆，最后逐一贴上双面胶进行固定。"

从旁指导幼儿完成创作，纠正幼儿在活动中出现的不当行为。

（五）欣赏评价

对认真完成作品的幼儿予以肯定，将所有作品贴在展示墙上，请幼儿相互评价。

参考文献

［1］李慰宜. 2—6岁儿童绘画活动指导. 2版. 上海: 上海社会科学院出版社, 2011.

［2］杨景芝. 中国当代儿童绘画解析与教程. 北京: 科学普及出版社, 1996.

［3］张念芸. 学前儿童美术教育. 修订版. 北京: 北京师范大学出版社, 2004.

［4］林琳, 朱家雄. 学前儿童美术教育与活动指导. 3版. 上海: 华东师范大学出版社, 2014.

［5］中华人民共和国教育部. 3—6岁儿童学习与发展指南. 北京: 首都师范大学出版社, 2012.

［6］中华人民共和国教育部. 幼儿园教育指导纲要（试行）. 北京: 北京师范大学出版社, 2001.

［7］封小娟. 幼儿园美术教育活动设计与指导. 北京: 北京师范大学出版社, 2016.

［8］陈鹤琴. 陈鹤琴"活教育"幼儿园教师实用手册. 南京: 南京师范大学出版社, 2017.

［9］陈丹青. 纽约琐记. 修订版. 桂林: 广西师范大学出版社, 2007.

［10］陈帼眉, 冯晓霞, 庞丽娟. 学前儿童发展心理学. 2版. 北京: 北京师范大学出版社, 2003.

［11］滕守尧. 儿童艺术教育的理论与实践研究. 南京: 南京师范大学出版社, 2010.

［12］贡布里希. 艺术的故事. 南宁: 广西美术出版社, 2015.

［13］里德. 通过艺术的教育. 长沙: 湖南美术出版社, 1993.

［14］罗恩菲德. 创造与心智的成长. 长沙: 湖南美术出版社, 1993.

［15］罗恩菲德. 你的孩子和他的艺术. 修订版. 杭州: 浙江人民美术出版社, 2018.

［16］玛考尔蒂. 儿童绘画与心理治疗: 解读儿童画. 北京: 中国轻工业出版社, 2005.

［17］格罗姆. 儿童绘画心理学: 儿童创造的图画世界. 北京: 中国轻工业出版社,

2008.

［18］戴蒙, 勒纳. 儿童心理学手册（第6版）: 第2卷, 认知、知觉和语言. 上海: 华东师范大学出版社, 2015.

［19］阿恩海姆. 视觉思维: 审美直觉心理学. 成都: 四川人民出版社, 1998.

［20］阿恩海姆. 艺术与视知觉. 成都: 四川人民出版社, 1998.

［21］古德诺. 涂鸦. 沈阳: 辽海出版社, 2000.

［22］蒙台梭利. 蒙台梭利儿童教育手册. 汕头: 汕头大学出版社, 2010.

后　记

　　随着《幼儿园教育指导纲要（试行）》和《3—6岁儿童学习与发展指南》的相继颁布，为了适应我国幼儿园美术教育改革和发展的需要，为了满足学前教育工作者通过解读幼儿绘画作品反哺幼儿美术教育的需要，我编写了《幼儿绘画活动指导与作品解析》一书。

　　本书以《纲要》与《指南》为引领，以幼儿绘画活动为支点，以幼儿绘画作品为杠杆，注重理论与实践相结合，力图充分阐明幼儿绘画发展的多元性与时代性，为一线教师开展幼儿绘画活动提供可资借鉴的理论和方法；同时开启阅读幼儿绘画作品的大门，通过作品表象了解幼儿的绘画个体差异，走近他们的内心世界，为幼儿绘画活动的开展指明新的方向。

　　本书的编写主要参考了国内外专家、学者关于学前儿童美术教育、学前儿童心理发展、美术学科等方面的研究成果，在此，对这些文献资料的作者表示衷心感谢。本书的出版得到了湖州师范学院教师教育学院领导的高度重视，并得到了浙江大学出版社的大力支持，在此一并表示诚挚的谢意。同时还要感谢我的学生们，感谢你们在幼儿绘画作品搜集方面给予的帮助。最后，还要感谢我的家人，谢谢你们对我的默默支持！

　　本书若有不妥或错误之处，敬请读者批评指正。

郑乐晓

2020 年 6 月 1 日